STEVE JOBS

o estilo de liderança
para uma nova geração

JAY ELLIOT
ex-vice-presidente sênior da Apple Computer
com William L. Simon

STEVE JOBS

o estilo de liderança para uma nova geração

Tradução
Carlos Szlak

Lafonte

Título original: *The Steve Jobs Way*

O texto deste livro foi editado conforme as normas do novo acordo ortográfico da língua portuguesa, em vigor no Brasil desde 1º de janeiro de 2009.

Edição brasileira

Publisher *Janice Florido*
Editoras *Fernanda Cardoso, Elaine Barros*
Editora de arte *Ana Dobón*
Diagramação *Linea Editora Ltda.*

Dados Internacionais de Catalogação na Publicação (CIP)
(Câmara Brasileira do Livro, SP, Brasil)

Elliot, Jay
Steve Jobs : o estilo de liderança para uma nova geração / Jay Elliot com William L. Simon ; tradução Carlos Szlak. -- São Paulo : Lafonte, 2011.

Título original: The Steve Jobs way : iLeadership for a new generation.
ISBN 978-85-7635-890-9

1. Apple Computer, Inc - História 2. Engenheiros de computação - Estados Unidos - Biografia 3. Empresários - Estados Unidos - Biografia 4. Jobs, Steve, 1955-2011 5. Indústria de informática - Estados Unidos - História I. Simon, William, L.. II. Título.

11-11853 CDD-621.39092

Índice para catálogo sistemático:
1. Engenheiros de computação : Biografia 621.39092

1ª edição brasileira: 2011
Direitos de edição em língua portuguesa, para o Brasil, adquiridos por Editora Lafonte Ltda.

Av. Profa. Ida Kolb, 551 – 3º andar – São Paulo - SP – CEP 02518-000
Tel.: 55 11 3855-2290 / Fax: 55 11 3855-2280
atendimento@editoralafonte.com.br • www.editoralafonte.com.br

Para minha mulher Liliana, e meus filhos,
Jay-Alexander e Federico, por seu apoio e carinho

E para Arynne, Victoria e Charlotte,
e Sheldon, Vincent e Elena

Sumário

Nota do autor*

Às vezes, acontecem coisas...

... que acabam tão bem que não poderíamos tê-las melhorado mesmo se tivéssemos planejado nossa vida com antecipação.

Naturalmente, os assim chamados trabalhos "glamourosos" — cinema, televisão, música, moda — muitas vezes só parecem glamourosos do lado de fora: o trabalho em qualquer uma dessas áreas está repleto de desafios e frustrações constantes.

Dificilmente alguém considera a tecnologia uma área glamourosa, mas, para mim, ao menos, o trabalho nunca foi tão gratificante ou tão estimulante como no tempo em que trabalhei com Steve Jobs.

Eu conheci e trabalhei com os líderes da IBM e Intel; conheci grandes líderes e pensadores, incluindo Jack Welch, Buckminster Fuller e Joseph Campbell, e discuti com John Drucker a próxima mudança de paradigma na estrutura organizacional.

Steve é um tipo especial.

Muitas vezes, as principais publicações de negócios discordam, mas há um consenso de que Steve Jobs é o líder da empresa mais fora

* Como é trabalhoso escrever "produtos e serviços" o tempo todo, utilizei apenas a palavra "produto", levando em conta o fato de que vocês entendem que o termo também pretende incluir serviços.

de série da história empresarial. Aparentemente, Steve faz coisas impossíveis todos os dias.

O que tornou Steve tão excepcional no modo pelo qual dirige uma organização que traz tanta conveniência, economia de tempo e prazer para tantas pessoas ao redor do mundo? Esta é a pergunta que tenho a intenção de responder aqui.

Não se trata apenas de como você muda seu paradigma, mas de como você faz sua organização mudar com você. Os princípios da liderança ao estilo Steve Jobs apresentados aqui oferecem os elementos básicos envolvendo o produto ou o serviço que você oferece, as pessoas e equipes, a própria organização e a força motora da inovação para ligar o que você faz com os clientes que está tentando alcançar. Provavelmente, Steve Jobs oferece o melhor exemplo possível de como um líder pode implementar essas mudanças e dirigir uma organização muito grande como se fosse de uma empresa que acabou de nascer.

Alguns dos conselhos que dou não parecerão fáceis ou confortáveis. Pedirei que você pense de maneira a qual não está acostumado. No entanto, você poderá melhorar sua empresa e sua vida se for suficientemente corajoso para executar os princípios da liderança ao estilo Steve Jobs que encontrará nessas páginas.

JAY ELLIOT

Introdução

Eu estava sentado na área de espera de um restaurante...

... um dos lugares mais improváveis do mundo para um encontro capaz de mudar a vida de qualquer pessoa.

O artigo que estava lendo na seção de negócios do jornal falava acerca do fim desastroso da Eagle Computer, uma empresa nascente. Um jovem, que também aguardava por uma mesa, estava lendo o mesmo artigo. Nós começamos a conversar e revelei minha ligação com aquela notícia. Recentemente, dissera ao meu chefe, Andy Grove, presidente da Intel, que deixaria meu cargo em sua empresa para me juntar aos rapazes que estavam criando a Eagle Computer. A empresa estava prestes a abrir o capital.

No dia da oferta pública de ações, o presidente-executivo da Eagle Computer tornou-se multimilionário instantaneamente, e celebrou indo beber com seus cofundadores. Dali, ele foi direto comprar uma Ferrari, tirou o carro da concessionária para um divertido *test drive* e bateu. Ele morreu, a empresa morreu, e o emprego pelo qual eu deixaria a Intel não existia mais, antes mesmo de me apresentar para o trabalho.

O jovem para quem contei a história começou a fazer perguntas a respeito do meu *background*. Contrastávamos totalmente: ele tinha uma aparência *hippie*, vinte e poucos anos e usava jeans e tênis. Em mim, ele viu um atleta, de quase dois metros de altura, com seus quarenta anos, um tipo executivo, de terno e gravata. Mais ou menos a única coisa que parecíamos ter em comum era que, na época, estávamos os dois usando barba.

No entanto, rapidamente descobrimos uma paixão comum por computadores. O rapaz era um provocador, um vulcão de energia, que ficou muito animado com a ideia de que eu tinha assumido cargos importantes em tecnologia, mas saíra da IBM quando considerei que a empresa era lenta em aceitar novas ideias.

Ele se apresentou como Steve Jobs, presidente do conselho da Apple Computer. Eu mal ouvira falar a respeito da Apple, mas me inquietei vendo aquele jovem como chefe de uma empresa de computadores.

Então, ele me pegou completamente de surpresa, dizendo que gostaria que eu fosse trabalhar para ele. Respondi: "Acho que você não é capaz de bancar meu salário". Na ocasião, Steve tinha 27 anos e, alguns meses depois, naquele mesmo ano, quando a Apple abriu o capital, ganharia algo como 250 milhões de dólares. Ele e a empresa podiam me bancar.

Numa sexta-feira, duas semanas depois, comecei a trabalhar na Apple — com um salário um pouco maior e com mais opções de compra de ações do que tinha tido na Intel, e com uma mensagem de despedida de Andy Grove de que eu estava "cometendo um grande erro; a Apple não ia a lugar algum".

Steve gosta de surpreender as pessoas não dando informações até o último minuto, talvez como um modo de manter as pessoas um pouco desestabilizadas e um pouco mais sob seu controle. No meu primeiro dia de trabalho, no final de uma conversa vespertina para nos conhecermos melhor, ele disse: "Vamos dar uma volta amanhã. Encontre-me aqui às dez. Quero lhe mostrar uma coisa". Não fazia ideia do que esperar ou se deveria me preparar de alguma forma.

No sábado de manhã, entramos no Mercedes de Steve e partimos. A música saía dos alto-falantes do carro: *Police* e *Beatles*, desconfortavelmente em alto volume. Ainda nenhuma palavra sobre para que lugar estávamos indo.

Ele entrou no estacionamento do PARC, o Palo Alto Research Center (Centro de Pesquisa de Palo Alto), da Xerox, onde fomos conduzidos até uma sala de equipamentos de informática, que me espantou. Steve tinha estado ali um mês antes com um grupo de engenheiros da Apple, que possuíam opiniões divergentes sobre se os produtos que foram apresentados a ele teriam algum valor para os computadores pessoais.

Naquele momento, Steve regressava para dar outra olhada, e se sentia empolgado. Sua voz muda quando ele vê algo *insanely great*,* e testemunhei isso aquele dia. Vimos uma versão rudimentar de um dispositivo que, algum tempo depois, denominamos *mouse*, uma impressora para computador e um monitor que não se limitava a textos e números, mas que também podia exibir desenhos e imagens gráficas e itens de menu que podiam ser selecionados com o *mouse*. Posteriormente, Steve falou a respeito dessas visitas ao PARC como "apocalípticas". Ele tinha certeza de que vira o futuro da informática.

O PARC estava criando uma máquina para empresas, um computador de grande porte para concorrer com a IBM, previsto para custar entre 10 mil e 20 mil dólares. Steve vira outra coisa: um computador para todas as pessoas.

No entanto, ele não vira somente a tecnologia da informática. Como um garoto na Itália da Idade Média, que entrou em um mosteiro e descobriu Jesus, Steve acabara de descobrir a religião do "amigável ao usuário". Ou, talvez, ele já tivesse o desejo e, naquele instante, descobriu que havia um modo de satisfazê-lo. Steve, o consumidor

---

* Expressão comum à comunidade Mac, que significa incrível, sensacional, excepcional etc. (N. T.)

supremo, Steve, o visionário da perfeição do produto, tinha ficado diante do caminho luminoso para um futuro radiante.

Evidentemente, não seria um caminho sem obstáculos. Ele cometeria diversos erros dolorosos, onerosos, quase desastrosos ao longo do percurso; muitos dos quais por causa da noção da sua própria infalibilidade, o tipo de certeza obstinada que deu origem ao clichê "do meu jeito ou rua".

Contudo, para mim, seu auxiliar recém-contratado, era assombroso ver como ele estava aberto para as possibilidades, como ele ficava empolgado ao identificar novas ideias, vendo seu valor e adotando-as. E seu entusiasmo era contagioso. Ele compreendia a mentalidade das pessoas para quem quisesse criar produtos porque era uma delas. E, como pensava como seus futuros clientes, ele sabia quando viu o futuro.

Eu veria Steve como incrivelmente brilhante, transbordante de entusiasmo, movido por uma visão de futuro, mas também inacreditavelmente jovem e loucamente impulsivo. Como ele me via? Como alguém, acredito, que ele estava procurando e ainda não tinha encontrado. Em mim, ele viu alguém experiente, com base sólida em negócios. Embora meu novo cargo fosse vice-presidente sênior da Apple Computer, Inc., o trabalho veio com deveres não oficiais, como auxiliar, mentor e colega idoso de Steve (eu tinha 44 anos). Em pouco tempo, ele estaria dizendo às pessoas: "Não confie em ninguém com mais de quarenta anos, exceto Jay".

Apesar de Steve não ser especializado em informática, ele queria muito ter um produto de criação própria. Ele inventava estratégias de vendas e fazia negócios, enquanto Woz projetava os primeiros computadores da empresa. No entanto, Steve fazia questão de demonstrar seus *insights*, criando uma máquina com sua própria cara. Quando ele tentou imprimir sua visão de futuro sobre os engenheiros que projetavam o computador Lisa, da Apple, só para se livrarem dele, os engenheiros do projeto diziam coisas como: "Se você acha que essas ideias são tão boas, crie seu próprio computador".

Não, Steve não tinha uma bola de cristal, que lhe dizia que estava criando um produto depois do outro, incrível, impressionante. E ele nunca ficava introspectivo o suficiente para parar e refletir a respeito de como tudo havia acontecido. Podemos dizer que ele ganhava credibilidade sem nem mesmo perceber.

As experiências reveladoras de Steve no PARC se tornariam alguns dos acontecimentos mais famosos e mais registrados da história da tecnologia. A partir dessas visitas, Steve Jobs daria início à sua intenção de mudar o mundo.

E isso, como se sabe, foi exatamente o que ele fez.

PARTE I

O CZAR DE PRODUTOS

CAPÍTULO 1

Paixão pelo produto

Algumas pessoas escolhem seu caminho na vida. Elas têm isso dentro delas. Mas, por outro lado, há outras que descobrem sua vocação quase por acidente, sem nunca tê-la procurado anteriormente.

Steven Paul Jobs não começou com a intenção de ser um czar de produtos. Se eu tivesse dado a ele esse apelido nos primeiros tempos, certamente ele não saberia do que eu estava falando. Ele poderia até ter rido de mim.

Tudo bem, não vou afirmar que percebia isso naquele tempo. Ninguém percebia. Sem dúvida, nem Paul nem Clara Jobs, o casal dedicado, que sofrera nos primeiros anos escolares de Jobs, quando ele era tão indisciplinado e difícil de lidar que, como ele mesmo afirma, poderia ter sido levado para a cadeia.

Assim, vê-lo se tornar o presidente-executivo de empresa e criador de produtos desejados pelas pessoas de todo o planeta é ainda mais improvável e impressionante. No entanto, o homem que vi, logo que comecei a trabalhar com ele, era, sem dúvida, determinado e orientado. E, como todos os grandes líderes que conheci e trabalhei,

Steve tinha seu próprio foco, pessoal e quase irracional; sua obsessão era a paixão pelo produto... uma paixão pela perfeição do produto.

Que forma assumia essa obsessão? Fácil. Steve era o *maior consumidor do mundo*. Percebi isso logo que entrei na Apple. Ele deu vida ao Macintosh como "o computador para o resto de nós". Ele criou a iTunes Store e o iPod a partir do seu amor pela música e do desejo de levar a música a todos os lugares com ele. Steve adorava a conveniência do celular, mas odiava os telefones pesados, desajeitados, feios e difíceis de usar, e essa insatisfação o levou a dar o iPhone a si mesmo e ao restante de nós.

Steve Jobs sobreviveu, prosperou e mudou a sociedade seguindo suas próprias paixões.

Eu tive o primeiro sinal das suas paixões naquela visita ao PARC. No restante daquele fim de semana, continuei revivendo a experiência. Cada detalhe daquelas duas horas ficou passando pela minha mente, e reconheci que o que havia visto era algo extraordinário. Steve demonstrou muita empolgação, um entusiasmo quase ilimitado. Era paixão na sua forma mais bruta, a paixão por uma ideia. Para Steve, já era dar forma à paixão em relação a um produto específico.

De tudo o que ele disse para mim enquanto estávamos ali e no caminho para casa, duas coisas ficaram evidentes: Steve era um homem que mesmo então tinha uma visão a respeito do poder do computador para mudar a vida das pessoas. Além disso, sabia que precisava lidar diretamente com os conceitos que iriam tornar isso possível. Em particular, ele ficou muito tocado pela ideia de um ícone na tela — um cursor — que era controlado pelo movimento da sua mão. Steve percebeu isso em um bilionésimo de segundo, captando a visão do futuro da informática.

Steve não ficou só impressionado com a tecnologia do PARC, como também com as pessoas. E a admiração foi mútua. Muitos anos depois, Larry Tessler, cientista do PARC, contaria a Jeffrey Young, jornalista e escritor, a respeito de sua recordação da visita de

Steve com a equipe da Apple. "O que me impressionou foi que as perguntas deles eram melhores do que qualquer uma que eu tinha escutado nos sete anos em que estava na Xerox. De ninguém: funcionário da Xerox, visitante, professor universitário, estudante. Suas perguntas demonstravam que eles compreendiam todas as implicações, e também compreendiam as sutilezas. Ninguém mais que vira a demonstração se importou tanto a respeito das sutilezas. Por que os padrões estavam ali, no título da janela? Por que os menus *pop-up* tinham aquela aparência?"

Tessler ficou tão impressionado, que logo deixou o PARC e foi trabalhar na Apple, no cargo de vice-presidente e, ao mesmo tempo, tornando-se o primeiro cientista-chefe da Apple.

Nos meus dez anos de IBM, convivi com diversos cientistas com doutorados brilhantes, que estavam realizando um trabalho excepcional; no entanto, ficavam frustrados porque pouquíssimas das suas contribuições eram adotadas e convertidas em produtos. No PARC, senti o cheiro rançoso da frustração no ar. Assim, não foi surpresa saber que o centro de pesquisa tinha uma taxa de rotatividade de pessoal de 25%, uma das mais altas do setor.

No momento em que fui trabalhar na Apple, o entusiasmo na empresa estava sendo gerado pelo grupo de desenvolvimento que trabalhava no que supostamente seria um produto revolucionário, um computador que viria a ser chamado de Lisa. Tinha a intenção de ser uma ruptura completa em relação à tecnologia do Apple II, jogando a empresa em uma direção completamente nova e usando algumas das inovações que os engenheiros da Apple viram no PARC. Steve me revelou que o Lisa seria tão inovador que "causará um impacto no Universo". Você não podia ajudar, mas se sentia intimidado por uma fala como essa; essa afirmação foi uma inspiração para mim desde então, um lembrete de que você só terá pessoas trabalhando para você repletas de entusiasmo se sentir esse mesmo entusiasmo... e deixar que todos saibam disso.

O Lisa estivera em desenvolvimento havia dois anos, mas não importava. A tecnologia que Steve vira no PARC iria mudar o mundo, e o Lisa teria de ser completamente repensado segundo as novas linhas. Ele procurou ligar a equipe do Lisa ao que ele vira no PARC. "Vocês têm de mudar de direção", ele continuava insistindo. Os engenheiros e programadores do Lisa eram adeptos de Woz e não aceitavam ser redirecionados por Steve Jobs.

Naqueles dias, a Apple era algo como um navio descontrolado, avançando à plena velocidade, com muitas pessoas na ponte de comando, mas ninguém realmente no comando. A empresa, embora com apenas quatro anos de idade, estava alcançando vendas líquidas anuais de cerca de 300 milhões de dólares. Steve era o cofundador, mas não tinha mais a influência dos primeiros dias, quando eram apenas os dois Steves, com Woz tendendo à tecnologia, e SJ cuidando de todo o restante. O presidente-executivo havia saído, e Mike Markkula, o investidor de risco, estava atuando como presidente-executivo interino, com Michael Scott ("Scotty") como presidente. Os dois eram mais do que competentes, mas nenhum deles qualificado para dirigir uma empresa de tecnologia em ebulição. Mike, o segundo maior acionista, estava mais interessado, acho, em se aposentar do que nas discussões diárias de uma empresa de tecnologia em rápido crescimento. Os dois tomadores de decisão não queriam os atrasos em levar o Lisa ao mercado que as mudanças de Steve acarretariam. O projeto já estava atrasado, e a ideia de jogar fora o que havia sido feito e pegar um novo caminho era simplesmente inaceitável.

Para que suas exigências fossem aceitas pela equipe do Lisa ou pelos dirigentes da empresa, Steve tinha um cenário traçado em sua mente: ele seria nomeado vice-presidente de desenvolvimento de novos produtos, o que o tornaria comandante supremo da equipe do Lisa, com poder para comandar a mudança na direção que ele estava procurando impor a ela.

Em vez disso, em uma mudança organizacional, Markkula e Scott deram a Steve o cargo de presidente do conselho, explicando que isso o tornaria líder da empresa para a próxima oferta pública de ações da Apple. Ter o carismático rapaz de 25 anos como porta-voz da Apple ajudaria a aumentar o preço da ação e o tornaria o mais rico de todos, eles sustentaram.

Steve ficou realmente magoado. Sentiu-se triste acerca do modo pelo qual Scott o enganara, sem informá-lo nem consultá-lo; era sua empresa, afinal de contas! E ficou realmente transtornado a respeito de perder envolvimento direto com o Lisa. De fato, sentiu muita raiva.

A dor foi ainda mais pungente. O novo chefe do grupo do Lisa, John Couch, pediu para que Steve não aparecesse mais para perturbar seus engenheiros; ele precisava ficar longe e deixá-los em paz. Steve Jobs não ouve a palavra "não" e é surdo a "Não podemos" ou "Você não pode".

O que você faz se você tem em sua mente um produto capaz de mudar tudo, mas sua empresa não demonstra interesse algum? Nessa altura, vi Steve ficar muito focado. Em vez de agir como uma criança, cujos brinquedos foram tirados, tornou-se disciplinado e determinado.

Steve nunca estivera em uma posição como aquela anteriormente, sendo impedido de intervir dentro da própria empresa; aliás, poucas pessoas já estiveram. Por um lado, ele me levava para as reuniões do conselho, onde eu o via dirigindo essas sessões como um presidente de conselho mais versado do que os presidentes-executivos mais velhos, mais sábios e muito mais experientes que estavam sentados em volta da mesa. Ele tinha na cabeça uma infinidade de dados atualizados a respeito da posição financeira, das margens e do fluxo de caixa da Apple, das vendas do Apple II em diversos segmentos de mercados e regiões de vendas e de outros detalhes comerciais. Atualmente, todos o consideram um tecnólogo, um criador de produtos excepcional, mas ele é muito mais, e o foi desde o início.

No entanto, sua função como pessoa de ideias e artífice de novos produtos acabou sendo arrancada dele. Steve tinha uma visão clara do futuro da informática martelando seu cérebro, mas nenhum lugar para ir com isso. As portas do grupo do Lisa foram fechadas e bem trancadas na sua cara.

E agora?

Foi numa época em que a Apple estava cheia de dinheiro, milhões de dólares no banco devido às vendas estrondosas do Apple II. O dinheiro permitiu que projetos pouco inovadores brotassem por toda a empresa. Era simplesmente o tipo de espírito que qualquer empresa se beneficiaria, apesar de que a atitude era tentar criar um admirável mundo novo, sonhando com algo novo em folha, algo nunca feito antes.

Desde minha primeira semana ali, senti a paixão e a iniciativa que estimulavam a todos. Tenho a imagem de dois engenheiros se cruzando no corredor, com um deles descrevendo uma ideia que estava considerando, e seu colega dizendo algo como "Isso é incrível. Você deve fazer algo com isso", e o primeiro voltando para seu laboratório, reunindo uma equipe e passando meses desenvolvendo a ideia. Estou disposto a apostar que a mesma coisa estava acontecendo em toda a empresa naqueles dias. A maioria dos projetos não daria em nada, jamais ganharia um centavo e alguns estavam reproduzindo o que outro grupo também estava trabalhando. Mas não importava; o suficiente seria bem-sucedido para fazer a diferença. A empresa contava com muitos recursos em caixa e estava agitada com ideias criativas.

Na Apple, havia um projeto específico em desenvolvimento, no estágio inicial, um projeto que Steve tinha, não muito tempo antes, tentado liquidar, porque, ele disse, competiria com o Lisa. Naquele momento, ele voltou a ver o que a equipe do projeto estava fazendo. Encontrou um grupo de pessoas em ação, em um prédio que todos chamavam de "Torres Texaco", pois ficava perto de um posto de gasolina Texaco. Dedicada a criar um computador de fácil utilização e barato para as massas, a equipe estava em ação havia poucos meses, mas já havia desenvolvido um protótipo em funcionamento. E o computador deles já tinha um nome: tirando proveito do nome da empresa, a nova máquina foi batizada de *Macintosh*. (O chefe da equipe, Jef Raskin, brilhante ex-professor, escolheu o nome da sua variedade favorita de maçã; faria parte do folclore da Apple que ele tentou utilizar a mesma grafia da maçã — McIntosh —, mas usou a grafia errada. Raskin, posteriormente, insistiu que usara intencionalmente uma grafia diferente para evitar confusão.)

Steve não quis mais cancelar o projeto. Se a equipe do Lisa não queria ouvir sua pregação por um novo tipo de computador, a pequena equipe do Macintosh tinha maníacos que pensavam como Steve e podiam estar mais abertos a suas ideias.

Quando o cofundador, presidente do conselho e personagem emblemático da alta tecnologia começou a fazer visitas frequentes ao grupo de trabalho do Macintosh, a equipe acabou tendo um reação ambígua. Os membros da equipe se sentiram inspirados pela paixão e pelo comprometimento de Steve, mas, ao mesmo tempo, nas palavras que um membro da equipe escreveu em um memorando, achavam que ele "aparentemente trazia tensão, politicagem e discussão". Certo: realizadores de alto nível e pessoas visionárias são, às vezes, carentes de habilidades sociais, ou, simplesmente, não se importam com cortesia nem com diplomacia.

A equipe não teve escolha. Steve simplesmente assumiu o comando dela e começou a incluir novas pessoas, convocando reuniões, definindo novas direções. A disputa principal com Raskin, o líder da equipe, concentrava-se em como o usuário daria instruções ao computador. Jef queria comandos a ser dados por meio do teclado; Steve sabia que havia um jeito melhor, movendo o cursor com algum tipo de dispositivo de controle. Ele pediu que a equipe do Macintosh investigasse o melhor modo de controlar o cursor, e também o melhor modo de utilizar o cursor para dar o comando para, por exemplo, abrir um arquivo ou exibir uma lista de opções. Os princípios do modo de utilizar os computadores hoje — movendo o cursor com o mouse, clicando para realizar uma seleção, arrastando um arquivo ou ícone, e todo o resto — foram ideias praticadas pela primeira vez no PARC e promovidas pela equipe mediante a insistência contínua de Steve em relação à simplicidade, elegância de design e intuição.

Além de minhas obrigações em nível corporativo, Steve também me quis como caixa de ressonância, uma espécie de mentor e conselheiro, em especial nas questões empresariais e organizacionais. Assim, ele me deu uma segunda função, na equipe do Macintosh. Eu era para ser um conselheiro sem cargo, um membro da equipe experiente, sem status oficial. Steve e eu nos reuníamos quase diariamente ou dávamos caminhadas pela Bandley Drive. Ele me usava para repercutir ideias e ter uma segunda opinião a respeito de questões sobre pessoas, projetos, marketing, vendas — quase tudo. Teríamos longas discussões sobre como tornar o grupo Mac o novo paradigma da América corporativa.

Steve me viu como um parceiro que ajudava a materializar seu sonho: uma pessoa que venceu por esforço próprio, com grande experiência empresarial em duas empresas de tecnologia importantes. Acho que ele também me considerava um equilíbrio sereno para si mesmo. E eu era um pacificador. Pat Sharp, assistente de Steve, contaria de vez em quando para as pessoas: "Quando Jay entra na sala, Steve se torna uma pessoa diferente". Ela queria dizer que ele se acalmava.

As qualidades que Steve identificava em mim vieram do meu *background* um tanto incomum. Meu pai era o que a maioria das pessoas chamaria de fazendeiro, mas, para nós, ele era um "vaqueiro". A propriedade era o rancho Año Nuevo: 405 hectares ao longo da costa de Monterrey, no norte da Califórnia, com 5,6 quilômetros de litoral e dois lagos interiores, grandes o suficiente para pequenos veleiros. A área foi descoberta pelo padre Junípero Serra, em 1485. A família de minha mãe era constituída de pioneiros, que tinham chegado no Oeste em carroças cobertas e se estabeleceram na região no final da década de 1800, quando a Califórnia era um novo Estado. (Atualmente, transferimos a maior parte do rancho Año Nuevo para o Estado, e ele se tornou um local de visitação para milhares de turistas por ano, para ver os elefantes-marinhos.)

Um dos meus tataravôs, Frederick Steele, foi colega de quarto, na academia militar de West Point, de Ulysses S. Grant, décimo oitavo presidente dos Estados Unidos, e serviu como braço direito de Grant na Guerra Civil Americana. Ainda possuo uma relíquia familiar, o documento promovendo Steele a general, assinado por Abraham Lincoln, décimo sexto presidente dos Estados Unidos.

A colheita e o gado não esperam por ninguém. A família já estava de pé às cinco da manhã, todos os dias, mesmo nos finais de semana, e não via meu pai até nos sentarmos juntos para jantar, às seis da tarde: pais, avó, duas irmãs, de vez em quando meu irmão e sua mulher, além de nosso rígido administrador da fazenda.

As crianças das áreas rurais também trabalham muitas horas: escola, dever de casa e serviços da fazenda. As vacas são ordenhadas às cinco da manhã e às cinco da tarde, nos dias da semana e nos fins de semana, no sol, na escuridão, no nevoeiro ou no temporal. Quando você tem idade suficiente para conduzir um trator, melhor saber como consertá-lo, pois se ele quebrar a trinta quilômetros do celeiro, será uma longa caminhada em busca de ajuda (ainda que, sem dúvida, um problema pouco importante hoje, graças ao celular).

Não é uma vida fácil, mas ensina a ser independente. Se você não fosse criativo, não seria um dos melhores caminhos para o lazer. Eu fiz minha próprias pranchas de surfe e construí dois veleiros que navegavam muito bem. Então, quando fiz quinze anos, meu pai anunciou que se concentraria nos seus deveres no conselho escolar e em outras responsabilidades cívicas no ano seguinte, e me deixaria com a responsabilidade de cuidar da fazenda. Ainda não sei o que o fez pensar que eu conseguiria fazer isso.

Eu queria me distinguir. Numa grande propriedade rural, geralmente um cultivo grande, em cinco anos, é suficiente para o sustento.

Quis criar esse cultivo, mas de quê? O que eu podia plantar? Você tem de planejar com seis meses de antecedência, supondo qual será o nível de preço no momento da colheita. Fiquei fascinado com o *Farmer's Almanac*, um anuário incrível. Com base nas previsões climáticas da publicação para o período de cultivo e nos conselhos dos plantadores de frutas vermelhas da região, decidi investir em morangos, e contratei uma família de origem japonesa que conhecia a cultura.

Acabou sendo um ano extremamente lucrativo, tanto para a fazenda como para mim. Acredito que a experiência me deu autoconfiança e o senso de que podia realizar mais do que havia imaginado.

Aprendi outra coisa com a agricultura. Talvez cada fazenda seja diferente, mas a Año Nuevo não era uma operação de cima para baixo, "faça o que eu mando". Se você enxergava algo errado, você falava a respeito. A atitude tornou-se básica para minha personalidade e, no meu primeiro emprego do mundo empresarial, na IBM, levou-me a uma medida que, suponho, não muitas pessoas adotariam. Tom Watson Jr., presidente-executivo e filho do primeiro presidente da IBM, testemunhou diante da Comissão de Relações Exteriores do Senado, quando procuravam respostas a respeito do que havia dado errado no Vietnã. Para ele, o problema foi a logística relativa à guerra.

Aquela atitude referente à minha infância na fazenda, de levantar a voz quando você vê algo que acha que está errado, tomou conta de mim quando li no jornal a respeito do testemunho de Watson. Sentei-me e escrevi uma carta cuidadosamente fundamentada, afirmando que achava que a IBM estava cometendo o mesmo tipo de erro. Admirava o respeito que a empresa mostrava por seus funcionários e seus clientes corporativos, mas achava que ela estava perdendo uma grande oportunidade ao não se tornar uma força no mercado de consumo.

Recebi uma ligação de um assistente de Watson dizendo que ele iria visitar a instalação da IBM onde eu trabalhava na semana seguinte e que gostaria de me conhecer. Fiquei uma pilha de nervos, certo de que era meu último dia na empresa. Em vez disso, Watson afirmou que ficou impressionado com meu *insight*, gostou que eu tivesse me manifestado, e consideraria minhas sugestões. Dali em diante, sempre que Tom Watson visitava uma instalação da IBM onde eu trabalhava, ele tratava de me encontrar para outra conversa.

Considero que minha experiência na IBM e depois na Intel, em combinação com um jeito sereno, e a capacidade de dar sugestões e opiniões sem rancor foram qualidades que trabalharam a meu favor com Steve Jobs.

A Apple nasceu a partir de dois computadores que eram fruto do pensamento de Steve Wozniak (conhecido mundialmente como Woz, embora ele prefira ser chamado de Steve), cofundador da empresa. O caminho de Woz para a fama é tão intrigante quanto aquele do seu parceiro supremo. Em uma entrevista de 1996, ele revelou a Wolfson, escritor e jornalista, que fora influenciado, na juventude, pelos livros de Tom Swift a respeito "do jovem que era um engenheiro que conseguia projetar qualquer coisa, que possuía sua própria empresa e que capturaria extraterrestres, construiria submarinos e teria projetos em todo o mundo". Woz ficou tão fascinado com os livros, que, para ele, era "como os primeiros programas de tevê que você assistiu". Influenciado pelo personagem, Woz começou a desenvolver projetos para feiras de ciências tão elaborados, que, na sexta série, criou uma máquina parecida com um computador para disputar partidas de jogo da velha.

Woz não se desviou desse caminho no ensino médio e na faculdade, aprendendo a respeito dos computadores que realizavam tarefas cada vez mais avançadas, até que acabou projetando e construindo computadores completos.

Indagado a respeito de como ele resumiria sua vida em uma única palavra, Woz respondeu sem hesitação: "Afortunada. Cada sonho que já tive na vida se materializou multiplicado por dez". Ele revelou ao entrevistador que, embora nunca tivesse sido um frequentador de igreja, desde a infância adotou um conjunto de valores que sentia serem característicos do cristianismo. "Se alguém faz algum mal a você, você não revida. E ainda permanece bom para aquela pessoa e a trata com o amor do seu coração."

Woz também revelou um grau de modéstia que está ausente em Jobs. "Pergunto-me por que, só praticando boa engenharia, algumas pessoas acham que sou uma espécie de herói ou uma pessoa especial. Na realidade, são os corpos das pessoas e os seus pensamentos de massa que fazem os computadores acontecerem."

No entanto, por todas as suas contribuições no lançamento da revolução da informática, Steve Woz tem de estar nesse crédito.

Steve Jobs não tinha tanta capacidade ou tanto conhecimento técnico quanto Woz. Então, como ele chegou a dominar as complexidades da tecnologia da informática?

Certa vez, ele me revelou que descobriu a fascinação por computadores cedo, antes dos dez anos de idade, numa visita ao Ames Research Center, da Nasa, na localidade vizinha de Mountain View. Revelou que ele, de fato, não vira o computador propriamente dito; tudo o que ele vira fora o terminal. Quando ele falava a respeito disso, você podia ver o entusiasmo infantil e ouvir que, naquele dia, "apaixonou-se" pela ideia ligada aos computadores.

Falando a respeito daqueles primeiros dias para o documentário do canal PBS, *Triumph of the Nerds* [*O triunfo dos nerds*], ele lançou alguma luz sobre isso: "Você digitava alguns comandos, esperava algum tempo, ouvia um dadadadadada e a coisa dizia algo para você. Era incrível, em especial para um garoto de dez anos. Você podia escrever um programa em Basic, digamos, ou Fortran, e, realmente, aquela máquina considerava sua ideia, executava sua ideia e devolvia alguns resultados para você. E, se eram os resultados que você previu, seu programa realmente funcionava. Era uma experiência altamente excitante".

Você não se torna um importante especialista em tecnologia sem primeiro passar anos em uma sala de aula. No entanto, de alguma forma, essa regra de vida inabalável não se aplica a Steve Jobs.

Testemunhei um fenômeno que era quase inacreditável. Ali estava um jovem que havia abandonado a faculdade depois de cursá-la pouco mais do que um semestre, ido para a Índia, onde viajou não como turista, mas como monge-mendigo nômade, e ficara absorvido pelo budismo, que se tornou um compromisso para toda a vida. (Certa vez, em uma viagem de trem com Steve, no Japão, ele apontou um templo budista para mim, e contou que, após sua viagem pela Índia, decidiu que iria viver nesse templo e se tornar um monge budista. E teria sido, ele disse, se não fosse aquele pequeno projeto que ele começou com Steve Wozniak, o garoto que era seu vizinho. Incrível como nossas vidas, às vezes, seguem um caminho diferente daquele que esperávamos.)

Naquele momento, em vez de um monge neófito, Steve Jobs estava se transformando em um perspicaz mago da tecnologia.

Rapidamente, ele se tornou um mestre de cada aspecto do design, da arquitetura do sistema e da funcionalidade do Macintosh. Sua compreensão sobre a tecnologia era tão profunda que ele conseguia discutir com cada um dos engenheiros os detalhes do que ele estava trabalhando, querendo saber a respeito do progresso do projeto e por que o engenheiro havia tomado aquela decisão em vez de outra, e decidindo que alguma opção não era a melhor e ordenando uma mudança. Até mesmo algo tão fundamental quanto o microprocessador que equiparia o Macintosh: Steve pediu que a equipe criasse um protótipo totalmente novo do computador usando um microprocessador diferente, o Motorola 68000, que possuía uma memória maior. Os membros da equipe resmungaram, mas obedeceram; provou-se ser a decisão correta.

Certa vez, quando Trip Hawkins, engenheiro do Macintosh, foi entrevistado a respeito do seu tempo na Apple, ele descreveu Steve como um homem com "um poder de visão quase assustador. Quando Steve acredita em alguma coisa, o poder dessa visão pode literalmente varrer quaisquer oposições, problemas ou seja o que for. Eles simplesmente deixam de existir".

O que fez Steve Jobs agir assim? Na minha função de "braço esquerdo" (porque ele era canhoto), encontrei a resposta expressa em comentários que ele fez em conversas a respeito de si mesmo e do seu modo de enxergar sua função e seu objetivo. Os grandes produtos resultam somente de pessoas que estão apaixonadas. Os grandes produtos resultam somente de *equipes* que estão apaixonadas.

A visão a respeito da qual Trip Hawkins falou nascia do foco de Steve, mas ainda mais da sua paixão. Gostava do que Steve dizia a respeito disso, definindo um padrão para si mesmo e para todos ao seu redor, de fazer cada tarefa da melhor forma possível, "pois você só consegue fazer uma quantidade limitada de coisas em sua vida". Como qualquer artista apaixonado, ele sempre foi movido pela sua paixão por suas criações, seus produtos. O Mac e todos os produtos posteriores são mais do que "apenas produtos". Eles são uma representação do compromisso intenso de Steve Jobs. Os visionários são capazes de criar grande arte ou grandes produtos, pois seu trabalho não é das nove da manhã às cinco da tarde. O que Steve estava fazendo o representava; era intuitivo, mas inspirado. Ele não sabia que estava fazendo algo que Einstein havia recomendado: "Siga o que é misterioso". No entanto, só anos depois do primeiro Macintosh, após muita água debaixo da ponte e alguns passos em falso embaraçosos, que Steve viria a reconhecer que sua paixão real não era simplesmente criar grandes produtos, mas era algo mais específico, mais focado — como veremos depois neste livro. Isso o levaria à série de dispositivos elegantes, acessíveis, intuitivos, belos e poderosos, que viriam a definir a sua carreira. O mundo todo mudaria para ele... e ele mudaria o mundo.

"Eu poderia fazer muitas outras coisas na minha vida", ele afirmou. "Mas o Macintosh vai mudar o mundo. Acredito nisso, e escolhi pessoas para a equipe que também acreditam nisso."

Essa paixão pelo produto atravessa toda a organização da Apple: das recepcionistas até os engenheiros, passando pelos membros da diretoria. Se os funcionários de qualquer empresa não sentem essa paixão ser transmitida pelos seus líderes, então os líderes precisam se perguntar: "Por que não?".

Como czar de produtos, Steve assumiu uma quantidade incrível de papéis na equipe do Macintosh, começando como autor principal da concepção do produto. Da prancheta até a entrega, ele *habitou* o produto, vivendo cada detalhe do que se vivenciaria, como se fosse um organismo vivo.

Steve sabia que tinha de estar cercado por pessoas investidas na obtenção de excelência nos produtos, como ele próprio estava. A paixão é um dos grandes segredos subjacentes do sucesso de Steve. Ele é exigente e, sim, de vez em quando desatencioso. É tudo um reflexo da paixão ardente que o move.

A maioria das pessoas, Steve acredita, não possui o que é necessário para ser um empreendedor ou gerente de produto. Ele falou a esse respeito quando estava procurado ter êxito com a NeXT. "Muitas pessoas", ele disse, "me procuram e dizem: 'Quero ser um empreendedor'". Quando ele pergunta para elas "Qual é sua ideia?", respondem: "Ainda não tenho nenhuma".

Steve fala para as pessoas coisas assim: "Acho que você deve procurar um emprego como ajudante de garçom ou algo parecido, até encontrar algo que se sinta realmente apaixonado". Ele acredita que "quase metade do que diferencia os empreendedores bem-sucedidos dos malsucedidos é pura perseverança. Você coloca tanto da sua vida nessa coisa, há momentos tão difíceis que acho que a maioria das pessoas desiste. Não as culpo. Realmente é difícil, e isso consome sua vida".

Você tem de estar muito entusiasmado com "uma ideia, um problema ou um erro que você quer corrigir". Se você não estiver suficientemente apaixonado desde o início, você nunca vai perseverar.

CAPÍTULO 2

O sucesso está nos detalhes

Steve Jobs entende algo que muitas empresas procuram compreender, mas raramente conseguem. Quanto mais ele avançou, mais simples ficaram seus produtos. Em certos casos, é menos acerca do produto e mais acerca do usuário. Todos os usuários querem se sentir bem-sucedidos. Quando você sabe operar algo com habilidade, como você se sente? Mais pessoas compram se elas se sentem bem usando o produto.

Para Steve, nada é desperdiçado, nada é desnecessário. Não acontece por meio do apinhamento, mas, sim, mediante a criatividade e inovação, com uma busca incansável pela perfeição. Significa pensar em tudo, com o objetivo centrado de tornar intuitivo para o usuário. A ironia é que isso exige mais trabalho, mais planejamento orientado pelo detalhe.

Você provavelmente conhece algumas pessoas que se consideram detalhistas. Talvez até você se enquadre nessa categoria. O nível do foco de Steve nos detalhes é um dos aspectos mais cruciais do seu sucesso e do sucesso dos seus produtos.

Steve usava um relógio Porsche, escolhido porque ele se sentiu muito intimidado pelo design superior. Sempre que alguém percebia o relógio e o admirava, Steve o tirava do pulso e o dava de presente, um modo de dizer: “Parabéns por reconhecer um design excelente”. Minutos depois, ele voltava a ter um relógio idêntico no seu pulso. Ele mantinha uma caixa com muitos deles no seu escritório e, assim, podia dá-los... o exemplar custava cerca de 2 mil dólares. (A pulseira do que ele me deu quebrou há alguns anos; como essa pulseira estava integrada na caixa do relógio e as duas eram feitas de titânio, o relógio não pôde ser reparado. Nunca perguntei a Steve se esses relógios foram sua inspiração para o Mac de titânio.)

Em retrospecto, vejo aquelas sessões no estacionamento e as fixações em relógios de pulso como simbólicas do que viria a se tornar uma característica essencial da personalidade de Jobs e do sucesso dele como “artesão” de produtos: sua disposição — ou talvez, devo dizer, sua necessidade absoluta, fundamental — de enfocar um aspecto ou detalhe único, eliminando tudo de sua visão e mente até alcançar a resposta que estava procurando.

Steve trata de cada aspecto de um produto ou decisão com o mesmo nível intenso de escrutínio. Primeiro, ele aplica sua visão para onde ele quer ir e, depois, para a visão do produto: como ele funcionará, como ele se encaixará no modo natural de vida, como as pessoas usarão as coisas.

Antecipando a experiência do usuário

Steve queria viver cada detalhe da experiência. Quando você está em casa ou no seu escritório com seu novo computador, o que você verá quando abrir a caixa? Quantas coisas você precisa remover antes de poder tirar o computador e qual é a conveniência delas? Ele dizia para a equipe de desenvolvimento: “Tudo bem, eu sou o produto. O que está acontecendo comigo quando o comprador tenta me tirar da caixa e me colocar em funcionamento?”. Ele sempre descobria imperfeições em tudo, no design, na experiência do usuário e na interface do usuário, no marketing e na embalagem, no modo pelo qual o produto seria comercializado.

Eu ficava admirado com esses desempenhos. Era paixão pelos detalhes no mais alto grau; paixão combinada com coragem em sua própria visão e sua confiança como consumidor final.

O mouse seria uma novidade para os usuários: como a embalagem podia ser desenhada para que eles tivessem a sensação táctil de segurar o mouse desde o primeiro momento em que o tirassem da caixa?

Como o gabinete do computador podia ser projetado para ter uma aparência elegante, algo que agradasse os olhos, e você sentisse orgulho de ter sobre sua escrivaninha? Não um gabinete feio, com cantos quadrados, parecendo ter sido projetado por um engenheiro.

Quanto tempo o Macintosh leva para começar a funcionar depois que você o conecta na tomada e pressiona o interruptor? O que você verá no momento em que a tela acende depois de ligar o computador? Você será capaz de compreender o modo de fazer todas as operações básicas sem consultar o manual do usuário?

Em uma reunião com as pessoas que redigiam a documentação de apoio do Macintosh, alguém apresentou a proposta do dia: que o manual do usuário devia ser escrito no nível do último ano da escola do ensino médio. Steve não gostou da sugestão: "Não. No nível do primeiro ano do ensino básico", disse. Ele revelou que um dos seus sonhos era que o Mac fosse tão simples de usar que não haveria necessidade de um manual. E Steve concluiu: "Talvez devêssemos pegar um aluno do primeiro ano para escrevê-lo!".

Steve sabia que existiam funções que não podiam ser intuitivas. Ele concordava que só os dispositivos mais simples podiam ser completamente intuitivos, mas sabia também que se os projetistas e programadores trabalhassem duro, poderiam criar modos brilhantes de facilitar o uso do Mac (e de tudo que se seguiu).

Para Steve, o sucesso estava nos detalhes.

Simplicidade

Sempre determinado a tornar cada produto tão simples e descomplicado quanto possível, Steve tirou proveito de uma história que lhe contei certa vez a respeito de quanto eu admirava o Ford Modelo A, de 1932. Como recompensa por trabalhar duro na fazenda, ganhei um velho Modelo A de presente quando fiz quinze anos. O motor, os freios e a carroceria precisavam ser reparados, pois o carro já estava com mais de vinte anos. No entanto, o pessoal de Henry Ford havia feito um trabalho tão bom que era muito fácil, sem um manual, cuidar do motor. Ford levara em conta todos os detalhes, tanto que, na fábrica, as ripas de madeira da caixa que as peças vinham eram utilizadas como peças estruturais para o assoalho, assentos e interior do veículo. E, se você tivesse de substituí-las, o tipo e o tamanho de madeira eram gravados na parte posterior, para que você soubesse o que procurar. Ao contar essa história para Steve, assinalei que no momento em que o carro foi lançado, seu concorrente era o cavalo, e ainda não havia oficina.

Os compradores de computador nunca tinham visto um mouse antes; seu concorrente era o teclado. Isso me fez pensar a respeito do que Henry Ford tinha feito: aqueles primeiros motoristas tiveram de aprender a utilizar a embreagem, o acelerador e o câmbio para pôr o carro em movimento. O mouse era tão desconhecido quanto para o usuário, mas exigiria muito menos aprendizado.

Quando os primeiros engenheiros estavam trabalhando no projeto supersecreto de desenvolver o iPhone, Steve Jobs teve de travar uma batalha. Tentar criar um celular era um esforço monumental para uma empresa sem nenhum *background* no setor. Um dos grandes motivos para assumir esse desafio improvável era que todos os celulares que ele já vira eram, em seu ponto de vista, muito complicados de usar: um desafio perfeito para um homem tão dedicado ao detalhe e à sua qualidade concomitante, a simplicidade.

Assim, Steve decidiu desde o início que o celular em desenvolvimento na Apple teria somente um único botão.

Seus engenheiros repetiam nas reuniões, uma ou duas vezes por semana, que não era possível que um celular tivesse somente um único botão. Você não podia ligá-lo ou desligá-lo, controlar o volume, alternar as funções, acessar a internet e utilizar todos os outros recursos que o telefone tinha de ter se ele tivesse somente um único botão de controle.

Steve se fez de surdo às reclamações dos seus engenheiros. De fato, ele continuou exigindo: "O telefone terá somente um único botão. Resolvam".

Apesar de, ao longo dos anos, ele ter sido um formidável descobridor de soluções de problemas e criador de ideias engenhosas em relação a todos os produtos desenvolvidos sob sua responsabilidade, Steve não sabia como o celular poderia ser projetado para que precisasse somente de um único botão. No entanto, como consumidor final, ele sabia o que queria. E continuou exigindo que os engenheiros encontrassem as soluções necessárias.

Vocês conhecem o final da história: o iPhone possui somente um único botão de controle.

O poder das mãos

Steve era fascinado pela capacidade incrível da mão, suas inúmeras habilidades, e pelo modo como ela funciona.

Às vezes, em uma reunião, eu o percebia mantendo uma mão elevada, na frente do rosto, e a virando lentamente, totalmente absorvido pela percepção de como a mão é configurada e do que ela é capaz de fazer. Por dez ou quinze segundos, ele parecia completamente absorvido por esse exercício. Você só tinha de vê-lo fazendo isso uma ou duas vezes para compreender o que isso significava: os dedos podiam ser muito mais úteis para retransmitir instruções ao computador do que apenas digitando teclas no teclado.

Depois do seu *insight* a partir das visitas ao PARC, Steve falava muitas vezes a respeito de como as mãos são um dispositivo incrível, e dizia coisas como: "A mão é a parte mais utilizada do corpo para implementar o que o cérebro quer". Além disso: "Se você conseguir reproduzir a mão, será um produto formidável". Em retrospecto, era uma observação muito poderosa de um detalhe que levou ao lançamento corrente dos produtos da Apple, do Mac ao iPod, iPhone e iPad.

Steve fez a equipe do Mac testar diversos dispositivos de entrada para controlar o cursor; um era semelhante a uma caneta, e acho que outro era como uma placa, mais ou menos como o *touchpad* do *laptop* atual. Levou um tempo até ele se convencer que nada mais funcionava tão bem quanto o mouse. Tudo, desde abrir menus até editar comandos como cortar e colar, se tornou possível por causa da capacidade de mover o cursor.

O usuário final: o cliente como eu, eu como o cliente

No nível mais básico, a visão subjacente aos produtos da Apple tem a ver com aquilo que Steve sente acerca dos seus produtos: ele os considera parte pessoal e íntima da vida humana. Como entusiasta e perfeccionista com o poder de implementar suas visões, ele projeta produtos com um amor pela tecnologia sofisticada, mas com uma simplicidade funcional que os tornam objetos adotados até pelo mais simples consumidor.

Quando Steve cria um produto por si mesmo, ele acredita que está levando cada consumidor em consideração; projetando por si mesmo, ele está projetando para todas as pessoas, tanto homens quanto mulheres.

Especialmente no começo, todos achavam que estavam trabalhando em um projeto de Steve Jobs, como ele queria e do jeito que ele queria. No primeiro Mac, ele foi um gerente ativo ao extremo. Era uma equipe pequena, não mais do que cem pessoas, no seu auge, incluindo o lado comercial, as publicações, o marketing, e todo o restante. No entanto, ele passava na mesa de cada um ou no cubículo de cada um com regularidade alarmante, esperando para coordenar, segunda-feira de manhã, as decisões tomadas pelos funcionários desde sua última visita.

E se ele dissesse algo como "isso é besteira", você precisava saber que poderia muito bem não ser uma crítica, mas um pedido de Steve: "Não entendi, me explique".

A maior parte da equipe do Mac levou um tempo para entender que o que parecia ser intromissão, perda de tempo e excesso de controle, era o envolvimento de um líder que não estava só perguntando porque estava muito envolvido nos detalhes. Não, eram as ações de um homem com uma visão do produto que queria criar, e ia se convencer completamente que toda opção, toda decisão, era a melhor para atender aquela visão.

Obtendo o produto certo

Se Steve era motivado a tornar cada produto a expressão derradeira da simplicidade e do entendimento intuitivo em relação ao consumidor, isso estava sempre correlacionado com uma motivação para criar. Ele era motivado a imbuir seus produtos com duas qualidades: além de ser intuitivo, devia criar uma experiência tão gratificante que o usuário sentiria uma ligação *emocional* com ele.

Para Steve, o lançamento de um produto no prazo é menos importante que obter o produto certo: tão perto da perfeição para o usuário quanto possível. Repetidas vezes, ele interrompeu o movimento para frente, na direção do gol, e ordenou que sua equipe de produto recuasse e se reagrupasse. Ele não queria fazer um produto como o IBM PC, que, no que lhe dizia respeito, era mais útil como calço de porta. Quase todos os produtos de renome criados desde o retorno de Jobs à Apple não foram lançados na data marcada, pois Steve tomou a difícil decisão, tão impopular entre os acionistas da maioria das empresas, de que o produto ainda não estava pronto para o "horário nobre".

Meses depois da data de lançamento originalmente definida por Steve, as pessoas da equipe do Mac ainda usavam camisetas com a frase "maio de 1984" impressa na manga, sem nenhum produto ainda no mercado. Esse episódio serviu para Steve Jobs só divulgar um novo produto pouco tempo antes do seu lançamento. Ele não dava atenção aos boatos e às fofocas. Toda suposição adiantada só alimenta o fogo da antecipação.

Apelando para talentos e interesses que nunca pensamos que usaríamos

Qual é o seu talento mais incomum e não utilizado ou qual a área de conhecimento que você nunca espera ter de utilizar muito?

Todos nós temos aqueles talentos latentes ou pedaços desordenados de conhecimento adquirido que nunca esperamos que desempenhem um papel significativo em nossas vidas. Steve tinha vários. Um exemplo: em sua curta permanência na Reed College, ele tinha topado com a matéria caligrafia. Era um jovem que fora contaminado, numa idade precoce, pelo vírus da tecnologia; por que um campo tão esotérico quanto a caligrafia o teria atraído?

Sua fascinação por formas e formatos amplia-se a partir da configuração das letras, em fontes como Garamond ou Myriad, para a quase perfeição, incrivelmente atraente do desenho do iPhone. (Por um tempo, quando eu o conheci, ele assinava seu nome em uma letra cursiva elegante, toda em letras minúsculas.)

Para Steve, a interface gráfica que ele vira no PARC fora um convite: significava que seu Macintosh não precisaria ter os tipos de letra desagradáveis, desinteressantes e feios que foram o padrão desde os dias dos primeiros monitores de computador. Com um monitor de vídeo similar aos existentes no PARC, o Macintosh podia ter uma ampla seleção de fontes elegantes, agradáveis, com larguras variáveis, em diversos tamanhos, além de negrito, itálico, sublinhado, sobrescrito e mais variações que o próprio Steve podia imaginar.

Não seria a última vez que Steve se munira de uma visão do futuro. Como a minha própria experiência com o Modelo A, as experiências precoces podem ter um poder mágico se continuamos abertos a nos lembrarmos delas nos momentos importantes.

Detalhes, detalhes

Algumas das histórias a respeito do nível de preocupação de Steve pelos menores detalhes podem fazê-lo sorrir, embora, ao mesmo tempo, estabeleçam um padrão que todos nós podemos utilizar.

Em 2002, quando Steve estava tentando convencer desconfiados executivos da indústria da música a fazer negócios com ele para a venda de música *on-line*, ele ficou em contato com Hilary Rosen, principal executiva da associação de classe da indústria, a RIAA — Recording Industry Association of America. Nessa função, ela participou de uma reunião entre Steve e alguns membros da equipe que estavam desenhando o site para a iTunes Music Store, da Apple, e tinham acabado de voltar com a enésima versão para Steve dar uma nova opinião. Posteriormente, ela descreveu seu assombro e divertimento: "Steve passou cerca de vinte minutos de um lado para outro, com os engenheiros discutindo a respeito do melhor lugar, em uma área de vinte centímetros quadrados, para colocar *três palavras*. Ele estava totalmente concentrado nos detalhes".

Um jornalista da *Time* teve uma experiência parecida. Certa vez, ele teve permissão para participar como ouvinte de uma reunião na

Pixar e ficou pasmo com a atenção dedicada por Steve aos detalhes. Alguns responsáveis pelo marketing da Disney tinham vindo para apresentar os planos de lançamento de *Toy Story 2*, e Steve estudou os códigos de cores dos cartazes, os *trailers*, os *outdoors*, as datas de lançamento, as promoções para o CD da trilha sonora e para os brinquedos baseados nos personagens do filme etc. Steve formulou perguntas incisivas e meticulosas a respeito da programação dos anúncios televisivos, eventos na Disneylândia e Disney World, e quais telenoticiários e programas de entrevistas o pessoal do estúdio havia colocado na grade de participação.

De acordo com o artigo, Steve estava tão "envolvido nisso", que ele "analisava a cronologia como um rabino estudando o talmude". O jornalista ficou muito impressionado. Mas para alguém que sempre trabalhou com ele, nada disso era surpreendente. Ele é extremamente detalhista a respeito de *tudo*.

Outro exemplo: a preocupação de Steve com detalhes às vezes tem um impacto muito maior do que se a Disney apresentasse seu material promocional de Natal com ursinho Pooh ou Buzz Lightyear. No iPhone, a equipe de projeto mostrou uma quantidade imensa de variações para o invólucro: algumas envolvendo ajustes muito pouco perceptíveis, algumas radicalmente diferentes, algumas requerendo um invólucro feito de materiais bem diferentes. E, então, em certo fim de semana, com o lançamento marcado para dali a poucos meses, Steve despertou para uma verdade dolorosa: ele simplesmente não estava satisfeito com o invólucro que havia escolhido.

No dia seguinte, ele foi para o trabalho sabendo que sua equipe do iPhone — tropas que já tinham trabalhado durante horas intermináveis — não ficaria feliz com ele. Isso não importava. Steve é o Michelangelo da criação de produto: ele continuará adicionando pinceladas na tela até não ter dúvida de que tem razão.

É o que ele, às vezes, denomina "pressionando o botão de reinicialização". Larry Tessler, que tinha, na ocasião, se tornado o "cientista-chefe" da Apple, afirmou, certa vez, que não sabia o significado do termo *carisma* até conhecer Steve Jobs. Se você acreditar no seu produto e no seu pessoal tão completamente como Steve, seu pessoal se manterá fiel a você.

A Apple possui uma das taxas de retenção de pessoal mais altas do Vale do Silício, e ainda mais alta para as equipes de desenvolvimento de produtos. Poucas pessoas deixam a empresa por causa da jornada ou das condições de trabalho.

No entanto, o pessoal da Apple sabe a essa altura o que esperar. Quando Steve diz "não está bom. Temos de jogar no lixo isso. Vamos retroceder e descobrir o que realmente funciona, a pressão vai subir, mas o produto será melhor".

Tente imaginar algo na Apple tão carente de importância que Steve Jobs jamais se importaria com ele.

Agora, tente isso para avaliar: em Los Angeles, há um jovem chamado Ian Maddox, que trabalha no programa de tevê *Warehouse 13*, no canal Syfy. Antes disso, foi vendedor e gerente-assistente da loja Apple, em Pasadena. Pouco depois de ele começar a trabalhar ali, uma equipe de trabalho passou a ir até lá todas as noites depois da saída do último cliente. Esse pessoal arrancou o piso, seção por seção, e colocou novos ladrilhos: granito cinza-escuro importado da Itália, escolhido pelo próprio Steve, "muito elegante para uma loja", Ian afirma. Alguns dias depois da conclusão do trabalho, de manhã cedo, antes de a loja abrir, os gerentes andavam pelo recinto em estado de alta tensão. Até mesmo o gerente regional apareceu.

E ali estava ele: Steve Jobs em pessoa veio inspecionar o piso, com quatro ou cinco acompanhantes.

Steve não ficou satisfeito. O piso pareceu bom logo depois da colocação dos ladrilhos, mas, assim que os clientes começaram a pisar sobre ele, manchas grandes e feias apareceram. Em vez de fazer o lugar parecer refinado, o piso criou uma aparência melancólica, descuidada.

Os funcionários se encolheram de medo, tentando captar a cena e perceber a reação de Steve, embora fingindo estar ocupados. Ele não ficou apenas insatisfeito, como também furioso, espumando, e ordenou que o serviço fosse refeito.

Na noite seguinte, a equipe de trabalho estava de volta, arrancando o piso e refazendo todo o serviço. Dessa vez, utilizou um vedante diferente e especificou outro produto para a limpeza dos ladrilhos. Quando soube dessa história, sorri; não sou capaz de imaginar algum outro presidente-executivo de uma empresa global que se daria ao trabalho de inspecionar o piso de uma loja. Mas isso pareceu tão típico de Steve, o mestre dos detalhes.

De vez em quando, penso nesse episódio e me pergunto se ele disse recentemente: 'Não é o que eu pedi, mas acho que ficará bom'". É um modo de verificar se estou sendo tão exigente em relação aos detalhes, tão exigente em relação à perfeição quanto meu modelo, Steve Jobs.

Ian também tem outra história a respeito de Steve Jobs, uma que reflete um lado diferente da personalidade empresarial de Steve. No período em que trabalhou na loja Apple, Ian, certo dia, recebeu um *e-mail* que o surpreendeu. Um cliente que ele havia ajudado ficou satisfeito o suficiente para enviar um *e-mail* para Steve Jobs elogiando o serviço. O *e-mail* que Ian recebeu era de Steve, com cópia para o cliente. Toda a mensagem dizia o seguinte:

bom trabalho

Apenas isso. Nenhuma letra maiúscula, nenhum ponto final, nenhuma assinatura. "Era o suficiente", afirma Ian.

De novo, quantos presidentes-executivos de grandes empresas você acha que dedicam um tempo para elogiar um funcionário tão hierarquicamente inferior?

Aprendendo com os erros

Quando a equipe do Mac chegou perto de uma máquina com um *hardware* que funcionava e um *software* que desempenhava todas as funções necessárias e não travava, Steve apareceu certo dia para assistir a uma demonstração. Mas não ficou nada feliz.

"O que é esse barulho?", perguntou.

Ninguém sabia do que ele estava falando. Não havia ruído algum, exceto o zunido baixinho da ventoinha.

Steve não queria nem isso. Qualquer outro computador pessoal possuía uma ventoinha ruidosa. O Macintosh iria ser completamente silencioso.

Os engenheiros tentaram explicar para Steve: o Mac não poderia funcionar sem uma ventoinha. Ele superaqueceria e pegaria fogo.

Steve insistiu: nenhuma ventoinha.

Os engenheiros começaram a aparecer no meu escritório, dizendo que eu precisava falar com Steve, que eu tinha de mudar a opinião dele. Todos os engenheiros da equipe insistiram que o Mac precisava ter uma ventoinha. Toda a organização discordava dele, mas ele não mudaria de ideia.

Os engenheiros voltaram para seus laboratórios e começaram a refazer o projeto para que o Mac funcionasse sem ventoinha. A data de lançamento planejada chegou e passou. Finalmente, o Macintosh seria lançado com um atraso de cinco meses.

Em princípio, Steve tinha razão. Um computador completamente silencioso é um prazer de usar, mas o ônus foi muito alto. De novo, Steve aprenderia uma lição valiosa: os detalhes têm importância, vale a pena esperar o certo, mas, algumas vezes, você tem de avaliar o benefício de ter o melhor produto em relação ao custo de chegar atrasado no mercado. Steve continuaria a atrasar o lançamento de produtos, mas reconheceria publicamente que nunca mais se colocaria na posição de permitir um atraso tão grande.

Alguns críticos do Macintosh e até alguns dos aficionados da empresa apelidaram esses primeiros Macs, com seus inevitáveis problemas de superaquecimento, de "torradeiras beges".

No entanto, todos os principais produtos que seriam lançados depois, do iPod em diante, incorporaram lições que Steve aprendeu do desenvolvimento daqueles primeiros Macs — lições a respeito do processo de colocar produtos nas mãos do consumidor, dos preços, entre outros detalhes, se basearam nas experiências daquele criador de produtos nos dias de treinamento.

Esses não foram os únicos principais erros de Steve em relação ao Mac. Ele decidiu que, além de criar o *hardware* e o *software*, também queria *fabricar* os computadores. A fábrica custaria 20 milhões de dólares; a diretoria da Apple ficou relutante, pois ninguém realmente acreditava que o Macintosh veria a luz do dia. No entanto, a decisão de aprovação foi facilitada pelo fato de a Apple ter 200 milhões de dólares no banco, graças às excelentes vendas do Apple II.

Steve encontrou uma instalação industrial já existente em Fremont, a pouco mais de meia hora de carro de Cupertino, e começou a transformá-la em uma fábrica cem por cento automatizada para montar o Macintosh. (Ainda que os livros de história da tecnologia se refiram sempre a essa instalação como uma fábrica, era, na realidade, uma unidade de montagem: os componentes eram fabricados no Japão e em outros países e enviados a Fremont.)

Steve trabalhou pessoalmente com os engenheiros, projetando as diversas máquinas automatizadas, como sempre se envolvendo nas decisões a respeito das funções que cada máquina realizaria e como elas seriam controladas. Ele parecia uma criança que esperava a manhã de Natal quando uma nova máquina chegava e era instalada. Ele mal podia esperar a conclusão da unidade e vê-la em operação. Sua imensa fascinação pela robótica pareceu se originar daquela fascinação que encontrava na mão humana. Nas semanas finais antes que a unidade entrasse em produção, ele e eu fomos até ali cerca de três vezes por semana.

Mas essa parte da história não teve um final feliz. Se Steve tivesse parado para pensar e aplicado seus poderes analíticos, reconheceria que as vendas do Macintosh precisariam ser colossais para que a instalação tivesse algum sentido financeiro. Acho que custava cerca de 20 mil dólares fabricar cada Mac que saía da fábrica. Os Macs eram vendidos por cerca de 2 mil dólares cada um. Faça as contas. Foi uma decisão custosa e contribuiria para um grande problema, porque o Macintosh, no início, não venderia bem.

Para Steve Jobs, porém, esse episódio foi mais um crédito do que um ônus: esse seria outro erro que ele nunca mais cometeria.

Pequena mudança, grande resultado

Eu apreciava a percepção de Steve ainda mais porque fui exposto a exemplos anteriores em minha carreira. Nos meus dias de Intel, estava em uma reunião com os três fundadores da empresa: Andy Grove, Gordon Moore e Bob Noyce (um dos inventores do semicondutor).

Andy exibiu um semicondutor de um concorrente e disse: "Olhem para isto. Parece muito melhor que o nosso produto. Nossos semicondutores têm tecnologia muito melhor, mas esse tem uma caixa melhor, letras melhores, e todos os contatos são dourados. Eles estão nos liquidando com um produto que não é tão bom, mas *parece* melhor".

O semicondutor é um produto instalado dentro de um computador ou em outro aparelho eletrônico. Ainda que o usuário nunca o veja, todos na reunião entenderam que a Intel precisava fazer alguma coisa. Eles desenvolveram um plano para tornar a aparência do produto condizente com a qualidade da tecnologia. Em seguida, lançaram uma campanha de conscientização importante: o programa "Intel Inside".

A Intel foi a número quatro no mercado de semicondutores. Com essas iniciativas, tornou-se a número um.

• • •

Não é exagero afirmar que Steve Jobs tornou-se tão eficiente como líder empresarial e criou diversos produtos extraordinários porque sempre esteve muito concentrado em prestar atenção nos mínimos detalhes e acertar em cada detalhe.

Para Steve, *tudo* tem importância. Ele continuará inovando para chegar cada vez mais perto do seu ideal, da sua visão de perfeição, que quase sempre vai além do que todos os demais consideram a realidade atualmente alcançável. O processo é demorado, tira do sério os criadores de produto que trabalham para ele, mas é um elemento absolutamente essencial do seu sucesso.

PARTE II

O TALENTO PREVALECE

CAPÍTULO 3

Dirigindo uma equipe

"Seja um pirata! Esqueça a Marinha."

Eu devia saber que dificilmente seria um seminário empresarial típico. Os janelões do restaurante do segundo andar do Carmel Inn davam a todas as pessoas no salão uma visão perfeita da piscina azul cintilante. Um grupo de rapazes e duas moças brincavam alegremente na água — totalmente nus. Às oito da manhã. A maioria dos frequentadores do restaurante não sabia para onde dirigir o olhar. Duas senhoras sérias, de cabelos grisalhos, tomando seu café, pareciam em estado de choque. Eu estava quase tão espantado quanto elas. Aqueles jovens fazendo algazarra na piscina eram integrantes da equipe do Macintosh.

Formando uma cultura de equipe

Todos os líderes e gerentes querem que seus funcionários trabalhem juntos, todos seguindo na mesma direção, apoiando uns aos outros, todos contribuindo com sua parte para alcançar o objetivo do grupo. Sim, o assunto da piscina foi algo exagerado, não exatamente o melhor exemplo do que um líder deveria aspirar... mas, sem dúvida, demonstrou que Steve realmente criara um senso de comunidade entre o grupo do Macintosh.

Nessa época, a equipe do Mac tinha crescido do grupo original de cinco pessoas, formado para criar um computador inovador, para cerca de trinta, incluindo os novatos que Steve colocara nas equipes. Ele havia planejado esse encontro fora da sede para se certificar de que todos estavam na mesma onda e se movendo na mesma direção.

Essa turma, a maioria na casa dos vinte e poucos anos, era desafiada a propor ideias completamente novas e originais, no que podia ser denominado um cenário quase hostil: dentro dos limites de uma empresa em grande expansão, numa linha de produto que Steve considerava antiquada e não mais pertinente. O ato de nadar nu veio previsivelmente. Ele vasculhara as salas da Apple e de outras empresas atrás de pessoas com coragem de ser diferentes, de ser anticonvencionais, para ir além. Vi o ato de nadar nu como um sinal de que ele estava tendo sucesso.

Elementos da construção de equipes

À medida que todos entravam na sessão de abertura do seminário empresarial, em Carmel, garotos e garotas os esperavam com amostras: cada membro da equipe que chegava recebia uma camiseta estampada com o que se tornou o logotipo icônico da equipe do Mac:

Pirates! Not the Navy
(*Sejam piratas! Esqueçam a Marinha.*)

Nunca perguntei a Steve a origem dessa frase. Agora, acho que pode ter sido uma frase criada pelo falecido Jay Chiat, cofundador incrivelmente talentoso da Chiat/Day, agência de propaganda que, ao

longo dos anos, trabalharia essa magia para Steve e para a Apple. No entanto, foi Steve que a utilizou como uma expressão típica, e ela estimularia as pessoas. Ele a identificou como um brado de guerra, e esse brado ajudaria a desenvolver uma equipe coesa, um grupo de pessoas que se vinculariam e confiariam umas nas outras.

E Steve teve êxito. Para ele, os seminários associados a um produto eram uma oportunidade incrível para reunir as pessoas que trabalhavam em diversos aspectos do projeto, e, normalmente, não se reuniam. Esses encontros fora da sede da empresa promoviam um senso de entrosamento e de "estamos todos juntos" na organização. Ao longo de três dias, o grupo passava cada minuto em conjunto: comendo, se divertindo e fazendo *brainstorming*. Steve fez um discurso sincero, celebrou os talentos únicos das pessoas, e apelou para o senso de elas desempenharem um papel-chave no desenvolvimento de algo revolucionário.

A camiseta "Pirates" foi apenas uma das centenas que eu veria durante minha permanência na empresa. A Apple se tornaria conhecida como a empresa que celebrava quase tudo: marcos associados a produtos, objetivos alcançados, crescimento de vendas, lançamentos de novos produtos, novas pessoas-chave. E distribuir camisetas ou blusas de moletom para comemorar algum marco ou conquista tornou-se uma marca registrada da Apple. Acho que devo ter colecionado uma centena delas ao longo dos anos. Elas fizeram tanto sucesso que há um livro luxuosíssimo em que pode ser visto cada um dos modelos confeccionados.

A virtude das equipes pequenas, focadas no produto

Steve entendia que alguns produtos precisavam do calor e da intensidade gerados pelo encontro de uma pequena quantidade de pessoas talentosas, que trabalhariam livres das restrições usuais. Nas circunstâncias corretas, movidos pelo tipo certo de coragem, os piratas podiam alcançar o que "um membro da Marinha" não era capaz. Ele esperava que todos os membros da equipe liberassem seus talentos criativos e artísticos. (Posteriormente, ele utilizaria essa abordagem para as equipes de *todos* os projetos.)

Desde o início, seu plano era que o grupo do Mac nunca tivesse mais do que cem pessoas. "Se precisarmos contratar alguém com uma *expertise* específica, alguma outra pessoa terá de sair", ele afirmou. Ele conhecia o perigo de um grupo de trabalho ficar tão grande que começaria a gerar obstáculos no caminho organizacional e reduziria a velocidade de tudo. No entanto, a explicação que ele preferia dar era que "é difícil saber o nome de mais de cem pessoas". Mais uma atitude minimalista a partir das suas crenças budistas. Mas, é claro, ele tinha razão. Uma grande organização cai nas armadilhas da duplicação, nos diversos níveis de aprovação e nas barreiras que surgem no caminho da comunicação e no fluxo livre de ideias. Steve viu isso acontecer no restante da Apple. Ele não queria nada disso. De fato, ele afirmou que o que queria era demonstrar o conceito de equipe pequena, de "empresa nascente", com o sucesso do Macintosh, e, em seguida, utilizar essa influência para disseminar a ideia de equipe pequena e orientada pelo produto para o restante da Apple.

O conceito "Pirates" não envolvia apenas o produto; captava o espírito revolucionário, livre-pensador, fora da lei que Steve queria utilizar. Ele falaria a respeito do futuro da Apple, preocupado com o fato de que, à medida que a empresa crescesse, ela se tornaria uma empresa como outra qualquer.

Suas altas expectativas se aplicavam a todos, da engenharia a vendas, da contabilidade à produção. Da mesma forma que foi necessária a inventividade de centenas e centenas de mentes visionárias para colocar três homens na Lua, Steve dependia de cada funcionário ligado ao Macintosh para sua própria e valiosa contribuição a fim de alcançar seu objetivo final.

Essa era a cultura da equipe focada no produto. Seria fundamental, ele disse, para a Apple continuar sendo um lugar de ideias vibrantes, produtos inspiradores e, ao mesmo, um lugar incrível para se trabalhar.

Uma grande parte da camaradagem fora do comum do grupo do Mac era resultado da blindagem promovida por Steve em relação à interferência no restante da empresa. Como uma unidade independente, a equipe do Mac tinha seus próprios projetistas, programadores, engenheiros, equipe de produção, redatores de documentação e especialistas em propaganda e promoção. O lado positivo de integrar um pequeno grupo de produto, em particular quando você pode trabalhar dezesseis horas por dia, é ter uma relação confortavelmente próxima com as outras pessoas do grupo. Isso desenvolve a responsabilização. Torna-se mais pessoal e mantém cada pessoa determinada a não ficar atrás do restante da equipe.

Steve sonhava com o tempo em que a Apple teria uma estrutura administrativa muito mais simples, com menos níveis de aprovação, menos pessoas precisando assinar cada decisão.

Ele costumava me dizer: "A Apple deve ser o tipo de lugar onde qualquer pessoa pode entrar e trocar ideias com o presidente-executivo". Isso resumia muito bem seu estilo gerencial. No entanto, ele sabia que não tinha todas as respostas. Não consigo estimar quantas horas ele e eu passamos juntos conversando sobre como manter as pessoas trabalhando como se estivessem em sua própria empresa, desenvolvendo seu próprio produto.

A arte da ligação: promovendo os seminários

No término do seminário de Carmel, todos os participantes saíram com dois copos enfeitados com o logotipo da Apple. Aqueles que tinham recém-ingressado na Apple ou no grupo do Macintosh — como eu — deixaram nosso primeiro seminário completamente "ligados", sentindo-se integrantes completos da equipe. Todos pareceram extremamente positivos. Eu havia participado de diversos encontros empresariais, mas nunca vira nada que chegasse tão perto dessa experiência. Não só fizera o Macintosh avançar, mas alcançara o objetivo de criar sentimentos de camaradagem, respeito, "estamos nessa juntos" e de apoio mútuo.

Como havia visto no seminário, Steve era um mestre de converter o clichê relativo ao "desenvolvimento de equipes" em um tipo de arte. Ele pegou um ritual conservador e padrão e o reinventou; da mesma forma que fez em relação aos produtos que desenvolveu e à motivação das equipes que liderou. Ele abordou um encontro empresarial como uma experiência total, como mais um elemento essencial na criação do produto.

Steve adorava os seminários dedicados a produtos. Ele os incluía no cronograma de trabalho real, agendando-os a cada três meses, aproximadamente, para o desenvolvimento completo da equipe do Mac. Havia muito tempo de diversão e relaxamento na programação do seminário, mas as sessões de negócios seguiam uma programação bastante rígida. A presença de todos os membros era esperada. Debi Coleman, MBA por Stanford, que cuidava dos orçamentos do Mac, também era administradora da agenda dos seminários e responsável por garantir que as sessões acontecessem de modo ordenado.

Um por um, cada líder de equipe — para *hardware*, *software*, marketing, vendas, finanças e relações públicas — apresentaria um breve relatório da situação e um calendário, explicando onde estavam em termos de cronograma. Se a equipe ficasse para trás, o líder falaria a respeito dos atrasos ou dos problemas que estava enfrentando e ofereceria algumas ideias a respeito de como podia voltar ao rumo certo. Todos tinham liberdade de dar sugestões. A ideia era expor quaisquer problemas abertamente e obter a ideia de todo o grupo a respeito do como solucioná-los. Era tudo acerca do Mac e não acerca do cargo de alguém.

O líder como pirata-chefe

Steve era o domador desse circo e utilizava um chicote de domador. Ele procurava sempre algo específico de cada grupo para corresponder à qualidade que queria. Ele extraiu o gênio criativo de muitas pessoas e as levou a trabalhar em harmonia. Steve queria se cercar de pessoas que se encaixavam no seu estilo e na sua filosofia, e que estavam dispostas (a maior parte do tempo, ao menos) a deixá-lo liderar a parada.

Ao mesmo tempo, ele estimulava a discussão aberta. Havia muita discussão acalorada, mas também muita risada. As únicas vezes que vi Steve realmente frustrado foi quando ele percebia que alguém não estava sendo direto ou franco. As discussões podiam ser quentes, mas — apesar do que você pode ler em outros livros — o tom geral das reuniões era sempre polido... embora Steve nunca relutasse em ser ríspido com quem dava uma sugestão que ele considerasse infundada. Ele tinha um conhecimento e um *insight* tão profundos de cada aspecto do Macintosh que muito pouco conseguia passar por ele. E Steve nunca tinha muita paciência com algo que considerava absurdo ou desinformado.

Como havia visto nos meus empregos anteriores, em empresas tradicionais, a maioria das reuniões de negócios tende a ocorrer nos termos impostos pela estrutura organizacional. Se o chefe afirmar que a vaca é roxa, a maior parte do tempo ninguém vai dizer que, se ele viu o animal, não era realmente uma vaca, e o animal era laranja. Steve não acreditava nisso; se você tivesse uma ideia, você falava. Não importava para ele de que modesto membro da equipe a ideia, crítica ou sugestão estava vindo, desde que fosse sensata e inteligente. Um engenheiro se lembra que "muitas vezes Steve iniciava uma reunião ou discussão de modo provocativo e intenso, mas ficava mais coloquial assim que decidia que você não era um pateta. Eu o vi fazer isso em reuniões de toda a empresa, em que, de modo 'instrutor do Exército', ele, para definir o tom, batia na mesma tecla em relação a alguma coisa no início da reunião, e, em seguida, mudava para uma postura inspiradora".

Anos depois, Jean-Louis Gassé, ex-executivo da Apple, endossou o estilo gerencial de Steve com uma frase memorável: "As democracias não geram grandes produtos; você precisa de um tirano competente". As pessoas que trabalhavam para Steve o perdoavam ou, ao menos, toleravam seu estilo, em parte porque, mais que tudo, ele era um tirano orientado pelo *produto*, totalmente dedicado a fornecer os produtos idealizados por ele.

Todos os piratas precisam de um capitão. E ajudava o fato de que o grande cacique, o grande chefe, o presidente-executivo não era o "senhor Jobs", mas simplesmente "Steve". Ele dava as ordens, mas fazia todos sentirem que "ele é um de nós". Steve, muitas vezes, fazia visitas informais para formular aquelas perguntas laboriosas e, às vezes, embaraçosamente detalhadas. Sim, de vez em quando, os engenheiros, em particular, sentiam-se um pouco como se estivessem no jardim de infância.

O que importava, contudo, era que Steve não ficava sentado em um escritório emitindo ordens. Ele estava logo ali, próximo, para falar, trabalhando bem ao lado de todas as outras pessoas. Cada visita, cada pergunta, deixava perfeitamente claro o nível intenso de sua preocupação e seu envolvimento. Ele se preocupava profundamente com todos os aspectos, incluindo os mínimos detalhes, para tornar o Mac um grande produto. Suas ações demonstravam isso todos os dias. Mesmo quando Steve não ficava satisfeito, era claro que ele agia a partir da convicção de que *tudo é importante*; que o sucesso está nos detalhes.

Naturalmente, um dos indicadores de dedicação de Steve, em especial para os engenheiros da equipe do Mac, era quantas horas por dia se estava disposto a investir no trabalho. Dezesseis horas? Ótimo. Todo o fim de semana? Por que não? (Um executivo da Disney, extremamente exigente, mas criativamente bem-sucedido, com quem Steve trabalharia depois disse às pessoas provavelmente: "Se vocês não vierem trabalhar no sábado, não se preocupem de vir no domingo". Em outras palavras, não se incomodem de voltar, nunca mais.)

Se você acreditasse que estava mudando o rumo do setor e, talvez, o curso da história, trabalharia em horários absurdos, praticamente abriria mão de qualquer outra vida nesse tempo, e se imaginaria entre os eleitos, os privilegiados.

Enquanto nos afastávamos de uma de suas visitas informais aos membros da equipe de engenharia, Steve olhou para mim e disse: “Sei que eles se queixam a meu respeito, mas vão se lembrar disso como o melhor tempo da vida deles. Eles ainda não sabem disso. Mas eu sei. É uma grande oportunidade”.

Aprendendo a reconhecer uma decisão ruim e seguir adiante

Steve não era infalível em avaliar as pessoas. Uma decisão quase desastrosa para o Macintosh resultou da busca de um caminho, em parte porque ele admirava e respeitava a figura central do episódio.

O Macintosh precisava de um disco rígido. Steve se mantinha bastante atualizado sobre os componentes de computador disponíveis. Mas a escolha entre os discos rígidos, no que dizia respeito a Steve, era bastante limitada. Ele não viu nada do seu agrado, nada muito bom para ser escolhido como um componente fundamental do Macintosh.

Então, certo dia, ele me apresentou a um visitante, um alemão que ele havia gostado, um rapaz muito atento, que trabalhava, ou tinha trabalhado, na Hewlett-Packard, e possuía grande experiência em discos rígidos. (Peço desculpas ao cavalheiro, mas não me lembro mais do seu nome.)

Steve sempre gostou de pessoas orientadas por produtos. Mais importante ainda para ele era ter certeza de que o interlocutor compreendesse e aceitasse sua visão. Se ele se sentisse confiante em relação a isso, tudo bem se você discordasse dele, desde que você estivesse em sintonia com sua visão e direção.

Como resultado desse senso de confiança no homem do disco rígido, Steve tornou-se vítima do que alguém depois denominou “um caso sério de síndrome do ‘não inventado aqui’”. Ele contratou o homem para projetar um novo e avançado disco rígido, que, em seguida, seria fabricado para o Mac em algum lugar perto do Vale do Silício.

Na IBM, fui gerente-sênior na maior fábrica de discos rígidos, em San José, na Califórnia. É uma área que nenhum não-especialista deve tentar entrar. Você tem de se preocupar com substratos, braços mecânicos e precisão. São produtos muito difíceis de serem projetados e fabricados. Como, por exemplo, as cabeças de leitura, que flutuam a uma distância aproximada de um fio de cabelo do disco rotativo; as tolerâncias da manufatura podem ser um pesadelo. É uma tarefa dificílima fabricar discos rígidos que funcionem corretamente.

Eu disse para Steve: "Acho que não devemos entrar no negócio de discos rígidos. É melhor procurarmos um fornecedor". Bob Belleville, chefe do *hardware* do Mac, também estava pressionando Steve no mesmo sentido. No entanto, Steve estava determinado. Alguém propôs o codinome "Twiggy", e o projeto seguiu adiante, recrutando o que se tornaria uma força de trabalho de cerca de trezentas pessoas.

Tive uma conversa com Belleville. Estávamos de acordo, e ele achou que podia ter uma resposta. A Sony tinha um novo disco rígido de 3,5 polegadas, que fora desenvolvido para a Hewlett-Packard. O produto já fora entregue. Um dos engenheiros de Belleville, que havia vindo da HP, podia pedir aos seus contatos para emprestar um dos discos rígidos para testarmos.

Em pouco tempo, Bob tinha um disco rígido à mão. Ele ficou satisfeito, e afirmou que podia ser fabricado para funcionar em um Mac. Enquanto seus engenheiros trabalhavam em uma interface, as negociações avançavam com a Sony; a empresa ficou muito satisfeita com a ideia de realizar um projeto para a Apple.

Os trabalhos referentes aos projetos Twiggy e Sony caminharam em paralelo. Claro que Steve não foi informado acerca do projeto Sony. Bob fez viagens rápidas ao Japão e, certa vez, um dos engenheiros da Sony veio a Cupertino para discutir as especificações técnicas. Tudo caminhava bem até o dia em que o engenheiro da Sony estava no escritório de Bob. Enquanto conversavam, Bob escutou uma voz familiar no corredor, aproximando-se da sua sala.

Bob saltou da cadeira, abriu a porta de um armário e gesticulou de modo frenético para o engenheiro japonês entrar. O rapaz ficou perplexo. Por que, no meio de uma reunião, ele estaria trancado em um armário?

Mas ele entrou no armário, Bob fechou a porta, voltou a se sentar e fingiu trabalhar duro quando Steve entrou. O engenheiro ficou em silêncio no armário escuro até Steve partir.

Dou risadas sempre que penso nessa cena.

Alguns meses depois, compareci a uma avaliação referente ao produto Twiggy na sala de conferência do prédio do Mac. O alemão responsável pelo disco rígido de Steve apresentou os resultados do teste. Ele foi honesto: os resultados eram péssimos. Sem dúvida, o projeto Twiggy era um desastre.

Steve convocou uma reunião com todos os líderes de equipe do Mac, tanto do setor de engenharia, como do setor comercial. Quando todos estavam pedindo a suspensão do projeto Twiggy, ele se virou na minha direção e disse: "Jay, gostaria que você me dissesse o que fazer".

"Tudo bem. Vamos dar uma caminhada", eu respondi.

Saímos para uma das nossas caminhadas; essa era um tanto mais delicada que a maioria. Ele quis que eu fosse sincero, e fui. "Steve", eu disse, "você deve cancelar o projeto. É um desperdício de dinheiro. E eu me comprometo a recolocar todo pessoal envolvido no Twiggy."

Voltamos à reunião. Steve sentou-se e disse: "Tudo bem, Jay decidiu suspender o projeto". Eu me contraí diante da sua afirmação, mas dei o melhor de mim para não mostrar nenhuma reação. Ele prosseguiu: "E ele se comprometeu a recolocar todas as pessoas. Ninguém vai perder o emprego".

Esse foi o fim do Twiggy para o Macintosh. Estava encerrado. Como havia prometido, recorri ao pessoal de recursos humanos e encontramos novas funções em outros setores da Apple para todos os membros do projeto Twiggy.

O Macintosh foi lançado com o disco rígido da Sony, cujo preço equivalia à metade do que o Twiggy custaria, e sem as despesas de manufatura.

Desde o fiasco do Twiggy, Steve ficou muito mais disposto a comprar de um fornecedor externo quando as circunstâncias justificavam. Para lançar um produto no mercado com mais rapidez, ele, frequentemente, aceitava componentes ou *softwares* de outros fornecedores, e, depois, promovia desenvolvimentos dentro da Apple para versões posteriores.

O projeto Twiggy ensinou-lhe uma lição que ele nunca esqueceu.

Há um pós-escrito em relação a história do Twiggy. O grupo da Apple que desenvolveu o computador Lisa ressuscitou o Twiggy, e utilizou dois dos disquetes Twiggy na versão original do seu computador. No entanto, os problemas de projeto que atormentaram os discos rígidos que deviam entrar no Mac nunca foram solucionados. Os usuários consideraram os discos rígidos lentos e, pior, não confiáveis. Eles ficaram tão insatisfeitos que a Apple finalmente ofereceu aos 6 mil primeiros compradores, aproximadamente, um *upgrade* gratuito para um Lisa remodelado, que substituiu os dois Twiggys por um disco rígido Sony de menor capacidade, mas de maior confiança.

Steve achou difícil tomar a decisão de cancelar o Twiggy. Mas se justificou: sem dúvida, foi a opção correta.

O gerente total

A preocupação de Steve com os detalhes não se aplica só a questões técnicas e de design, mas também a questões financeiras, e essas eram uma fonte de frustração para ele. Debi Coleman, diretora financeira do grupo do Mac, refazia continuamente suas projeções de vendas. Ao mesmo tempo, o departamento financeiro da Apple realizava suas próprias projeções, e os números jamais casavam. Eles trocavam informações de maneira frenética, supostamente sempre começando a partir das mesmas hipóteses, mas sempre chegando a respostas diferentes. Debi estava comprometida a se certificar de que suas projeções eram sólidas. Mas, toda vez que ela e Steve se reuniam com Joe Graziano, o diretor financeiro da Apple, era a mesma história; aparentemente, porque há diversos modos de calcular itens diferentes. (Não que isso importe, mas Joe era um diretor financeiro que dirigia uma Ferrari vermelha. Sempre achei que isso emitia a mensagem errada.)

Steve nunca deixou de me impressionar nessas reuniões: ele sempre pareceu ter melhor manejo sobre as projeções do que os diretores financeiros. Além disso, sua exigência pela perfeição dos dados era tão grande quanto sua exigência pela perfeição do produto. Ele insistia que cada aspecto fosse tão bom quanto o próprio produto.

O espaço prepara o terreno para as pessoas

Para Steve Jobs, uma equipe é mais que a soma das suas pessoas. Ela também é influenciada pelo ambiente de trabalho. A área de trabalho em si pode ter uma forte influência sobre o funcionamento da equipe. Não é apenas um conjunto de cubículos ou bancadas de trabalho; o ambiente físico integra a criação da aura, da atmosfera de ser especial.

Em 1981, o grupo do Mac se mudou para as instalações da Bandley Drive, que fora utilizada anteriormente por uma parte do grupo do Apple II. O destaque do novo prédio era um grande átrio. Steve montou seu escritório perto da entrada, com todos os outros funcionários espalhados em cubículos e laboratórios arranjados em arcos crescentes em torno dele, situando Steve no ponto focal, como o maestro de uma orquestra, com seus músicos enfileirados diante dele. O átrio tinha um piano, *videogames* e uma geladeira imensa abastecida com sucos de fruta. Rapidamente, tornou-se um local de encontro dos funcionários. Em exibição no átrio, estava a antiga motocicleta BMW original de Steve, ainda em boas condições de uso — um símbolo de grande design e funcionalidade, mas também, no que me dizia respeito, um símbolo que essa equipe específica tinha um líder muito diferente. Anos depois, a Pixar e a Google receberiam muita cobertura jornalística por causa da criação de tipos parecidos de ambientes para seus funcionários; Steve estava, como em relação a muitas outras coisas, na vanguarda.

Ainda que isso não se pareça com algo que você espera de um budista, Steve me disse antes da mudança da equipe, que queria trazer um exorcista para expulsar os demônios do edifício; ele falou com toda seriedade sobre essa ideia. Era como se ele achasse que o grupo do Apple II estava contaminado e tinha deixado para trás as más vibrações.

Se alguém descobrisse isso, seríamos expostos ao ridículo — mais uma pedra no sapato em relação ao restante da Apple. Felizmente, Steve mostrou disposição para ouvir a voz da razão e desistiu da ideia. (Diria que ele talvez tenha feito a sugestão como um modo de caçoar de mim; embora em relação à empresa e a qualquer coisa acerca do Macintosh, Steve raramente demonstrava senso de humor.)

Cultura corporativa, um estilo antigo

Olhando para trás, não acho que os mais jovens da equipe percebessem quão anticonvencional era a cultura que Steve criara para o grupo do Mac. Para mim, era um prazer e um pequeno milagre, pois eu ficava sempre reparando quão diferente era a atitude "Pirates" das empresas em que eu trabalhara anteriormente.

Quando eu estava na IBM, mesmo com todas as pessoas muito inteligentes daquela empresa — como afirmei, estive cercado por mentes brilhantes por anos —, a maioria de nós ficava tão a distância do produto real que tendíamos a perder de vista no que estávamos trabalhando exatamente. A IBM era a quarta ou quinta maior empresa do mundo e tinha 400 mil funcionários. A maioria deles, suponho, sentia-se à vontade com a cultura da IBM; nunca me senti completamente encaixado, mesmo depois de passar pelo seu programa de treinamento de executivos. Nunca estive envolvido com as preocupações do alto executivo típico.

Durante um feriado prolongado, deixei a barba crescer e não me barbeei quando voltei ao trabalho. Meus superiores não sabiam muito bem o que fazer comigo: esse rapaz, com o uniforme-padrão da IBM, terno, camisa branca e gravata, cuja nova barba era um "tapa na cara". Meus colegas da IBM costumavam dizer: "Temos patos selvagens... mas eles voam em formação".

Acabei ficando muito frustrado a respeito da falta de interesse da IBM na área de novos produtos. Certo dia, sentado em torno de uma mesa, em uma reunião de alto comando, Frank Carey, presidente do conselho de administração, ouviu uma sugestão dada por mim e me disse: "A IBM é como um superpetroleiro, muito grande e difícil de manobrar. Quando você define um curso, você não consegue mudar facilmente. São necessários quase quarenta quilômetros para virar e trinta quilômetros para parar".

Depois de ouvir aquilo, sabia que não fazia parte daquele lugar.

Na Apple, nunca me senti alguém da política. Estava interessado no lado empresarial da equação, e podia conceber planos sólidos e convertê-los em trabalho, em uma empresa naturalmente operacional. No entanto, também reconheci imediatamente a importância da nova direção em tecnologia que a equipe estava levando para frente. O fenômeno do foco e da paixão de Steve por cada elemento único do produto era algo que nunca vira antes. E eu me envolvi de todo o coração nisso.

Se você ficasse muito rico, ainda gerenciaria do mesmo modo?

Estou disposto a apostar que a maioria das pessoas ganhadoras de um grande prêmio na loteria diz imediatamente ao seu chefe que está se demitindo e nunca mais volta a trabalhar. O que você faria se ficasse muito rico de repente?

Em 1980, duas semanas antes do Natal, Steve Jobs recebeu um grande presente, assim como outras pessoas da empresa. Quando as ações da Apple Computer foram oferecidas na bolsa de valores, o público as comprou com o mesmo fervor que o iPod e o iPhone desencadeariam anos depois. A primeira hora representou a venda de 4,6 milhões de ações; no final do primeiro dia, a oferta foi considerada o lançamento de ações mais bem-sucedido da história e a IPO mais subscrita desde que a Ford Motor Company abriu seu capital quase trinta anos antes.

Em um único dia, Steve tinha se transformado em um dos *self-made man* mais ricos do mundo. Ele gostava de dizer para as pessoas: "Eu valia 1 milhão de dólares quando tinha 23 anos, 10 milhões quando tinha 24 e mais de 200 milhões quando tinha 25".

No ano anterior, a Xerox havia investido na Apple. (Foi uma condição do acordo pelo qual Steve e os engenheiros tiveram permissão de realizar aquelas visitas ao Xerox PARC que mudaram o setor.)

O fato impressionante é que a riqueza súbita de Steve não pareceu mudá-lo de modo significativo. O agora megamilionário, cofundador e presidente do conselho de uma empresa constante da lista Fortune 500 ainda vinha ao trabalho vestindo camiseta, jeans e sandálias Birkenstock.

Tudo bem, ele colocava terno de vez em quando para um encontro com um banqueiro ou alguém a quem queria impressionar. E ele não se importava de falar de sua vida financeira. Ele já tinha uma casa, um cupê Mercedes e uma moto BMW, com pompons laranja no guidão, que ele comprara quando a empresa recebeu investimentos de capital de risco um ano antes.

Quando ele viajava, voava de primeira classe. No entanto, essa era a política-padrão da Apple: naqueles dias, todos os funcionários viajavam de primeira classe, não apenas os executivos e gerentes, mas também engenheiros e "assistentes de área" (como a Apple denominava as secretárias). A empresa tinha tanto dinheiro que não havia plano de saúde; quando o funcionário tinha alguma despesa médica, quer fosse uma consulta ou uma cirurgia, ele apenas apresentava as contas e a Apple cobria as despesas.

Para Steve, trabalhar não tinha a ver com ganhar dinheiro suficiente para se aposentar. Não tinha a ver com ganhar dinheiro, ponto. Tinha a ver com liderar sua equipe de "pirates" para criar um grande produto. Ao longo dos anos, ele ficou cada vez mais rico, mas nunca perdeu a dedicação para criar produtos incríveis.

Sobre ser um pirata

Olhando para o passado, admito que fico lisonjeado com o fato de Steve ter desejado me levar para a Apple e ainda mais para o grupo do Macintosh. Eu sempre fui um pirata, mas não sabia disso até Steve sugerir o termo. Fui rotulado de "pato selvagem" na IBM, talvez por causa das minhas ocasionais opiniões contrárias aos negócios, aos produtos e à liderança. Também não gostava de politicagem e burocracia e sempre orientei minha equipe na Apple para evitar o pensamento burocrático em tudo o que faziam. Ao mesmo tempo, fui movido pela paixão incrível que caracterizava o restante da equipe do Macintosh.

Não demorei muito para perceber que Steve estava seguindo o princípio de procurar os melhores talentos e contratá-los sempre que possível. O fato de ele ter considerado que eu atendia o padrão, exatamente num momento em que eu estava disponível, foi uma das melhores coisas que já me aconteceram.

Minha experiência na Apple me convenceu de que, independentemente do negócio em que eu poderia estar depois, sempre procuraria dar a qualquer pessoa que trabalhasse para mim a experiência de ser um pirata em uma empresa nascente. Os piratas aceitam as exigências de alto padrão do seu líder. Eles aceitam a exigência por perfeição, e se esforçam para alcançá-la.

CAPÍTULO 4

Aproveitando os talentos

Se você estiver criando uma nova escola, vai querer contratar os melhores professores que puder. Se estiver criando um site visando atingir pessoas que competem em exibição de cavalos, vai querer recrutar os melhores cavaleiros, que são ou foram vencedores de torneios. E assim por diante.

Isso é fácil de falar, mas difícil de fazer. Mas, é um dos segredos do sucesso de Steve Jobs. Cada vez que ele encarou o desafio, conseguiu contratar pessoas maravilhosas. Alguns exemplos revelarão os princípios que o tornaram tão bem-sucedido nisso.

A lista de princípios começa com a avaliação das conquistas anteriores da pessoa, procurando indícios de comprovado talento em alguma área ou habilidade que a empresa ou um projeto específico tem necessidade. Este é um dado básico. Todos que já redigiram um currículo, leram um currículo ou contrataram ao menos um funcionário entendem isso. Na Apple daqueles dias, o currículo não era tão importante assim.

Procurando pessoas que se empolgam com o projeto

Para mim, uma das histórias de contratação mais divertidas da carreira de Steve — e, realmente, resume sua abordagem — diz respeito a uma das suas primeiras contratações para a equipe do Mac. Certo dia, Andy Hertzfeld, engenheiro de *software*, recebeu um telefonema de Scotty — Mike Scott, presidente da Apple — para uma conversa. Aquilo assustou Andy: apenas alguns dias antes, Scotty decidira que a empresa não estava cumprindo seus objetivos e precisava cortar despesas. Assim, ele tinha acabado de demitir metade dos engenheiros da Apple; o episódio ficou conhecido na mitologia da Apple como "a quarta-feira negra".

Os engenheiros remanescentes, Andy incluído, ficaram tristes e receosos a respeito dos seus próprios empregos. No entanto, quando Andy foi ao encontro, Scotty deixou claro que não queria que Andy saísse e perguntou o que o convenceria a ficar. Andy respondeu que gostaria de integrar a equipe do Mac. Dois dos melhores engenheiros, Burrell Smith e Brian Howard, tinham recentemente se juntado à unidade do Mac. Andy ficou sabendo que teria de se encontrar com Steve primeiro.

Steve não perdeu tempo. Como Andy me descreveu depois, Steve começou com: "Tudo bem? Nós só queremos pessoas que estão realmente bem para trabalhar no Mac e não tenho certeza de que você esteja bem mesmo... Soube que você é criativo... Você é realmente criativo?".

Em vez de ficar ofendido, Andy enfrentou seu interrogador e deixou claro que desejava muito participar do projeto do Mac. Steve disse a Andy que daria um retorno.

Apenas algumas horas depois, Steve apareceu na estação de trabalho de Andy e o parabenizou. Naquele momento, Andy passou a integrar oficialmente a equipe do Mac. Andy disse que precisaria de alguns dias para concluir o trabalho pendente.

Steve não esperou. Literalmente, tirou o computador de Andy da tomada, pegou a máquina, levou-a para fora do prédio e a colocou na traseira do seu Mercedes prateado, com um estupefato Andy correndo atrás dele. Enquanto Steve levava Andy para o quartel-general do Mac, deixou claro que o Macintosh iria ser a melhor coisa de todos os tempos da indústria da informática.

Andy impressionara Steve com sua sinceridade e seu fascínio com o produto. As recomendações de Burrell e Brian, da equipe de engenharia do Mac, a quem Steve questionara a respeito de Andy antes de requerer seus serviços, também foram fundamentais.

Steve não hesitava nem perdia tempo assim que tomava uma decisão a respeito de alguém. E ele tinha razão. Andy tornou-se um dos membros mais importantes da equipe de desenvolvimento do Mac.

Embora Steve atuasse a partir da intuição quando contratava um funcionário, ele também era muito meticuloso. Antes de uma entrevista com a advogada Nancy Heinen — que, posteriormente, tornou-se a consultora-geral jurídica da empresa —, Steve pediu para ver alguns contratos que ela escrevera, para que ele pudesse avaliar a "estética" do seu trabalho.

Algumas vezes conversei com o candidato, após sua entrevista com Steve. A maioria das pessoas não achou que havia sido realmente entrevistada. Do ponto de vista delas, foi mais como uma aula na faculdade ou uma promoção de vendas dos produtos da Apple, seguido de um exame final do candidato explicando como contribuiria para o Mac e para a equipe.

Só QIs altos, por favor

Além de contratar talentos, Steve certificava-se de que seus funcionários fossem verdadeiros entusiastas da Apple, capazes de ter sucesso em um ambiente intenso de uma empresa nascente. Atualmente, ficou mais fácil achar o talento certo, pois muitos possíveis candidatos colocam suas informações na internet. Claro que não tínhamos esse luxo nos primeiros dias do Mac.

Desde que o conheci, Steve estava disposto a ter em torno de si apenas pessoas que, em seu julgamento, tinham "um QI de três dígitos" e não fossem — sua terminologia novamente — "patetas". Ele ficava muito incomodado com pessoas que considerava não estar à altura da Apple. Se Steve o considerasse brilhante, capaz e contributivo, você poderia lhe dizer o que pensava, ou que havia um jeito melhor do que ele lhe dizia para fazer, e ele o escutaria. Mas se decidisse que você era um pateta, seria melhor você tapar os ouvidos e cair fora o mais rápido possível.

Ele só tinha essas duas categorias: se você não fosse brilhante, você era um pateta. No entanto, independentemente de quão brilhante ele soubesse que você era, ele o rotularia de pateta caso você fizesse um comentário que estivesse fora do padrão esperado por ele. Mesmo na frente das outras pessoas. Naturalmente, no dia seguinte, ou até na mesma tarde, ele já nem se lembraria do ocorrido. Claro que nem todos recebem bem esse tipo de comportamento, mas as pessoas que trabalhavam com Steve já haviam aprendido a lidar com isso.

Steve calculava que já havia contratado algumas centenas de pessoas ao longo de sua carreira. Contudo, o recrutamento ainda é difícil. As entrevistas são muito curtas para obter as informações de que você realmente precisa a respeito dos candidatos. Para Steve, muitas vezes as respostas reais para as perguntas das entrevistas eram menos importantes do que *como* a pessoa respondia. O mais importante para ele era estar convencido de que o candidato estava realmente apaixonado pela Apple.

Steve não era o único a contratar pessoas. Tínhamos de nos perguntar como podíamos disseminar ideias sólidas a respeito de recrutamento e trabalho em equipe a partir de um grupo de trabalho bem-sucedido para toda a organização. Realmente, trabalhamos duro para identificar e criar um texto a respeito dos "valores da Apple", como denominamos o documento sobre a cultura corporativa da

Apple. Quando ficou pronto, tive de enviá-lo às instalações da Apple e às novas instalações à medida que a empresa se expandia para todo o mundo. Passei muito tempo no exterior, principalmente na Europa, certificando-me de que os padrões internacionais de contratação da empresa eram tão rigorosos quanto nos Estados Unidos. Pessoalmente, visitava todas as instalações em todos os lugares, para assegurar que o mesmo estilo e conjunto de valores estavam vigentes mundialmente. Também me certificava de que todos os nossos recrutadores estavam afinados com o conjunto de padrões de Cupertino.

Um tipo diferente de contratação

Como tentávamos inventar um novo modelo de uso para a informática pessoal, Steve procurava constantemente pessoas com habilidades especializadas. Ele sabia que precisava de um tecnologista de alta qualidade e me incumbiu de encontrar alguém. Fiz algumas pesquisas e um *head hunter* me enviou o currículo de Bob Belleville, que foi chefe de tecnologia do PARC. O rapaz era muito inteligente acerca de sistemas de informática. Ainda que tivesse trinta e poucos anos, ele parecia mais um adolescente. Quando eu o enviei para o encontro com o chefe, Steve lhe disse: "Ouvi dizer que você é excelente, mas tudo que você fez até agora é besteira. Venha trabalhar para mim". Apesar dessa humilhação, Belleville aceitou o convite.

Os maníacos por informática da equipe original do Mac eram gênios, mas não tinham a visão global; Bellevile, sim. Muitas vezes, ele se defrontava com alguma situação complicada, tendo os maníacos de um lado e Steve, do outro. Seu jeito tranquilo de falar com as pessoas era um dos pontos fortes desse profissional. Para convencer Steve de alguma coisa, ele não tentava simplesmente explicar em palavras. Em vez disso, utilizava sua tecnofeitiçaria para tirar da manga alguma maquete ou algum demonstrativo eletrônico para exibir sua ideia.

Bob era muito eficaz em obter desempenho das pessoas, por causa do seu jeito tranquilo de convencê-las. Ele era brilhante, mas nunca utilizou sua inteligência para se aproveitar — seu objetivo era sempre achar uma maneira de alcançar o resultado certo. E, frequentemente, era bem-sucedido.

Passei muito tempo com Bob; muitas vezes, ele me procurava em busca de conselhos a respeito de como convencer Steve a respeito de alguma coisa. Desde o tempo que entrou na empresa, ele desempenhou um papel fundamental entre Steve e os membros da equipe, de modo comparável à minha função como facilitador entre a equipe do Mac e as outras pessoas.

Para mim, a contratação de Bob foi um exemplo de como é importante ir além das informações tradicionais para contratação e descobrir quais são os talentos subjacentes da pessoa, procurando compreender o que elas podem trazer para a organização.

Utilizando seus produtos para uma seleção de talentos

O amor intensamente protetor de Steve pelos produtos da Apple transformou os próprios produtos em uma seleção de algumas das pessoas mais talentosas e criativas do mundo. A capacidade de Steve de criar tecnologia pessoal icônica complementava sua capacidade de atrair os talentos que são capazes de concretizar sua visão.

Isso não se aplica somente à contratação dos engenheiros. Para expressar o que agora é evidente, mas não o era na ocasião, o talento associado ao design era tão importante para Steve quanto o talento associado à engenharia. Andy Hertzfeld, membro da equipe, frequentara a escola do ensino médio na Pensilvânia com uma garota chamada Susan Kare, que se tornara designer gráfica e artista com A maiúsculo. Quando o grupo do Mac identificou a necessidade de uma pessoa criativa para criar os ícones para as telas do Mac, Andy sugeriu o nome dela. Ao entrevistá-la, Steve decidiu que o talento, a paixão e a intuição de Susan eram mais importantes que o seu histórico nada mensurável em tecnologia. Ele a admitiu como peça-chave da equipe do Mac.

Quase vinte anos depois, ao falar com Susan sobre Steve, ela o definiu como um "pressionando e sendo crítico... para ver se você tinha explorado cada opção" e que "quando ele estava feliz e satisfeito com uma ideia, era capaz de fazer você se sentir muito bem".

Certo fim de semana, Steve foi jantar no Ciao, um restaurante em San Francisco, e ficou seduzido pelas ilustrações ao estilo de Picasso do cardápio. Na segunda-feira de manhã, chegou ao trabalho pronto para dividir seu entusiasmo. Ele procurou Susan Kare. Inspirada pelas sugestões de Steve e ainda mais pela sua animação, ela captou a essência e a simplicidade em tudo, dos ícones entendidos de imediato (pense a respeito do ícone da lixeira) até o tipo de fonte, passando pela aparência e cor do gabinete. O futuro da aparência da tela do Macintosh nasceu na noite em que Steve, por acaso, foi jantar no restaurante Ciao. E, em seguida, foi como se Susan tivesse aberto e lhe apresentado uma profusão de conteúdos. Com a ajuda de Susan, Steve vivenciou a alegria de criar um produto que podia deleitar a visão e conquistar a admiração mundial por seu design.

Se a abordagem inconfundível da Apple em relação ao design nasceu na noite em que Steve foi jantar no Ciao, foi Susan quem expandiu as implicações dessa abordagem e a fez funcionar. O prazer de criar um produto atraente, que conquistaria a admiração mundial por seu design, é uma das coisas que ele buscava incansavelmente. Nunca mais ficaria satisfeito com design em formato de caixa como o Apple IIc ou IIe, ainda que tivessem uma aparência muito melhor que o PC da IBM.

Todas as equipes precisam de uma centelha de, no mínimo, algumas pessoas verdadeiramente criativas, que "pensem diferente"; diferente o suficiente para dar um exemplo para todos os outros.

Talento encontra talento

Uma das coisas mais incríveis a respeito de achar pessoas de boa qualidade é que elas se tornam seus melhores recrutadores. São pessoas que tendem a conhecer outras com os mesmos valores e o mesmo senso de estilo. Em geral, um bom "pirata" tem um amigo ou parente que é tão bom quanto ele. Steve costumava dizer para mim que os "grandes engenheiros são um multiplicador enorme".

Steve e eu iniciamos alguns programas para garantir a contratação dos talentos certos para trabalhar no Mac. Demos bônus de quinhentos dólares para os funcionários que recomendavam alguém que era contratado. Também utilizamos um "sistema de parceria", que colocava cada novo funcionário sob a proteção de um outro funcionário da organização. Enviamos os melhores funcionários que tínhamos contratado nos últimos dois anos de volta para as escolas em que se haviam formado para realizar recrutamento de pessoal.

Contratando as pessoas A

Ao travar um diálogo com o candidato a um emprego, Steve enxergava as coisas de ângulos inusitados, se perguntando: "Será que essa pessoa se encaixa?". Ele ficava tão absorvido pelo produto, que tinha a visão de quem seria capaz de se integrar totalmente na equipe de desenvolvimento. Ele só queria contratar pessoas cujos trabalhos eram capazes de enfrentar seu escrutínio e que não se sentiam ameaçadas por críticas incisivas, de modo a criar o melhor produto final de todos.

Ele era livre de opiniões, tendenciosidades e processos predeterminados. Ele se reunia com candidatos sem agenda predefinida. Às vezes, acho que isso era resultado do que outros com seu *background* budista denominavam mente de principiante, isto é, a capacidade de ver coisas familiares de modo diferente. Também, durante a era do Mac, ele era jovem e, portanto, menos propenso a ter uma perspectiva que já estava arraigada e travada. De certo modo, ele foi capaz de manter isso.

Um dos princípios básicos de Steve era sempre contratar os melhores: as pessoas A, como ele as chamava. Um dos seus lemas era:

"Assim que você contrata B, eles começam a trazer B e C". Uma pessoa A pode ser quase qualquer pessoa com talento real. Steve contratou Randy Wiggington, que escreveu o código do MacWord, o primeiro aplicativo real do Mac, quando ele ainda estava no ensino médio. Isso não importava, pois Randy era mais do que capaz de realizar a tarefa. Poucas pessoas foram mais importantes para o sucesso da Apple do que um britânico chamado Jonathan Ive, apesar de Steve achar que ele não se encaixava exatamente no padrão das outras histórias de descoberta de talentos descritas neste livro.

Jonathan ganhou o prêmio de design de estudante da Royal Society of Arts. *Duas vezes.* Com o primeiro, veio um estágio curto nos Estados Unidos. Ele encontrou tempo para pegar um avião e viajar até a Califórnia, onde fez um giro pelas empresas de design mais promissoras do Vale do Silício. Após se formar, Ive ingressou em uma empresa em que passou meses trabalhando no design de uma pia de banheiro (os detalhes foram transformados ao longo do tempo: muitas vezes, os relatos a descrevem como um vaso sanitário). É típico dele a criação de diversas versões antes de finalmente decidir a respeito de um design que o satisfaça.

Na mesma época, Robert Brunner, designer que ele tinha conhecido em sua primeira viagem ao Vale do Silício, havia se tornado chefe de design na Apple. Ele tentara contratar Jony duas vezes antes; dessa vez, Jony estava na pior por ter trabalhado com pessoas que não gostaram dos seus designs inovadores. Então, aceitou a oferta de Brunner.

Isso foi nos anos de ausência de Steve. Quando ele voltou e começou a cortar projetos, produtos e pessoas, a cabeça de Jony ficou a prêmio. Apesar de ter desenhado o Newton, ele se tornara o chefe de design da Apple um ano antes. E Steve odiava a aparência da maioria dos produtos da Apple. Assim, entrou em uma expedição de caça a talentos para achar um novo chefe de design.

Felizmente, antes de Steve achar o que estava procurando, começou a reconhecer que já tinha um designer de nível internacional.

Em vez de demitir Jonathan, Steve o adotou, confirmando-o como designer chefe da nova era da Apple e deu-lhe o estímulo, os recursos e o apoio que foram cruciais no sucesso da Apple e dos seus produtos desde então.

Atualmente, Jony trabalha em seu laboratório de design de acesso restrito, na sede da Apple, uma área de alumínio reluzente e ferramentas de design estado-da-arte, operado por uma pequena equipe de cerca de doze designers afortunados (ou, de preferência, singularmente talentosos) de meia dúzia de países. Ele comanda a criação de um produto após o outro, que continua a alcançar a genialidade deslumbrante de aparências elegantes em apoio à funcionalidade. Jonathan Ive e sua equipe definem um padrão que nenhuma outra empresa chega perto de igualar.

O ponto notável da história é que Steve chegou muito perto de substituí-lo, mas reconheceu o talento real de Ive em tempo.

Considerando o que fizeram desde então, é evidente que as pessoas que Steve encontrou não foram criadores de um único sucesso. Seus funcionários saíram da Apple e fundaram outras importantes empresas de tecnologia. Jean Louis Gassée criou a Be, Mike Boisch, a Radius, Guy Kawasaki, a Garage.com... e eles são apenas alguns.

Donna Dubinsky era aluna da Harvard Business School quando, certo dia, assistiu na classe, a uma demonstração de um computador Apple II executando o aplicativo VisiCalc. Ela trabalhara em operações bancárias e sabia como era árduo elaborar planilhas manualmente: "E se os juros fossem 10% e não 9,5%?". Obter a resposta para uma pergunta tão simples podia requerer o recálculo de cada número da planilha. Assim, ela compreendeu o potencial: "Todo banco vai querer isso".

Donna também trabalhou no departamento financeiro de uma tevê a cabo, o que "me mostrou o valor de estar em uma área em desenvolvimento". Junte esses dois elementos e ela afirma: "Eu sabia que era aquilo" — a Apple era a empresa para a qual queria trabalhar.

Um pequeno problema: a Apple nunca tinha contratado ninguém da B-School de Harvard. Donna pediu uma entrevista, mas "não fui atendida. A Apple só queria pessoal técnico".

No dia das entrevistas, uma determinada Donna sentou-se do lado de fora da sala de entrevista durante todo o dia. "Toda vez que a recrutadora saía", ela revela, "eu tentava falar com ela". Como o próprio Steve sabe bem, o que é impossível pode se tornar possível se você tem suficiente determinação. "Finalmente, perto do fim do dia, a recrutadora sentiu pena de mim e me deixou entrar para conversar com ela." Apesar da ordem "somente pessoal técnico", a perseverança de Donna ganhou.

O entusiasmo de Donna pela Apple e seus produtos se revelou claramente. Ela foi convocada para novas entrevistas e recebeu uma oferta de emprego para o setor de negócios, no Apoio à Distribuição, para começar assim que terminasse seu MBA.

As informações do trabalho em Cupertino vinham com suas surpresas. Ela estava acostumada aos modos formais do mundo da atividade bancária. As pessoas hierarquicamente superiores eram tratadas como "Senhor" ou "Senhora". Nada de pastas empilhadas sobre sua mesa. "Você veste seu sobretudo até para ir ao banheiro feminino, no caso de você se deparar com um cliente." Na Apple, é claro, ela descobriu que o código de vestuário envolvia, principalmente, bermudas, camisetas e sandálias.

Naqueles dias, a empresa estava se expandindo de modo tão rápido que as coisas tendiam a ser caóticas. "Na época em que entrei na Apple", ela afirma, "20% a 30% das pessoas eram novas, e a pessoa que me contratou já estava em um cargo diferente".

"Em pouco tempo, eu estava trabalhando do amanhecer ao anoitecer", ela explica, "desenvolvendo sistemas de informação e mantendo o fluxo dos produtos".

O contato de Donna com Steve ocorria principalmente nas reuniões de previsão. Ela se lembra bem de que algumas das decisões dele, em relação ao *background* de negócios dela, não faziam sentido. Donna se recorda disso em uma questão: "Estávamos mudando das impressoras de 300 dpi para as de 1.200 dpi ou algo assim — uma mudança de geração. O que fazer com o estoque antigo? Você reduz o preço e liquida a mercadoria. Você ganha dinheiro dos clientes que querem a barganha". Em vez disso, Steve disse: "Tire as impressoras do catálogo. As pessoas precisam comprar a nova".

Donna descobrira um ponto importante acerca de Steve. A escolha dele infringia princípios básicos de negócios ensinados em Harvard, mas revelava como ele sempre tinha consciência do que é bom para o cliente. "Essas impressoras são obsoletas. Não são o que as pessoas devem comprar. Vamos nos livrar delas".

Ao longo dos anos, a Apple mostrou ser um campo de treinamento poderoso. Donna se tornaria presidente da Palm e cofundadora da Handspring. A *Fortune* a elegeu para seu *Innovators Hall of Fame*.

Em parte, ela atribui seu sucesso à "quantidade imensa de coisas" que ela aprendeu trabalhando com Steve Jobs. "Você precisa ter pessoas notáveis. Você precisa criar grandes produtos. Você precisa desenvolver um espírito administrativo de espontaneidade e de celebração dos sucessos."

Talvez a lição mais importante que tenha aprendido seja "quanta diferença uma única pessoa pode fazer".

Cortejando o talento

A capacidade completa de Steve de identificar e contratar as melhores e mais talentosas pessoas deu origem a outras histórias memoráveis.

Nos primeiros dias da NeXT, Steve tentou recrutar Steve Mayer, engenheiro de vídeo com quem havia trabalhado na Atari antes de ele e Woz fundarem a Apple. Mayer concordou em conversar com Steve e achou que ele parecia "arrasado" por não estar mais na Apple, mas, ao mesmo tempo, aparentava estar "totalmente seguro que iria fazer algo novo e importante".

Steve mais cortejou Mayer do que o entrevistou, uma habilidade em que ele também era especialista. Ele conduziu a conversa por meio do que Mayer denomina "o processo imagine-se", com Steve contando uma história dramática, muito visual:

> *Imagine que você está lendo uma revista, e ela exibe um anúncio intrigante de um novo computador.*
>
> *Imagine que você liga para a empresa para descobrir mais acerca desse novo aparelho. Você está intrigado, e a empresa não só responde suas perguntas, como também o convida para uma visita.*
>
> *Imagine que você vai até a empresa, entra no prédio e é recebido por uma recepcionista.*
>
> *Você é convidado a conhecer o prédio, passa pelos laboratórios e entra na sala de demonstração, onde o produto está coberto.*
>
> *O produto é revelado, e sua aparência é impressionante.*

Então, o conto das *Mil e uma noites*, em uma versão de alta tecnologia, transforma-se num diálogo a respeito dos recursos e usos mais importantes da máquina.

Mas o produto não foi revelado a Mayer, pois ele ainda não existia e, de qualquer forma, Steve não mostraria planos ou modelos do que poderia ser para ninguém que ainda não estivesse na folha de pagamentos e sob um acordo de confidencialidade.

Para Mayer, isso revelou um senso teatral maravilhoso, que "o leva ao mundo do produto. Steve faz você compartilhar da visão de como o produto será utilizado". Era típico: Steve sempre começa visualizando o produto final, em vez de elaborar os detalhes de engenharia, como tantos outros produtos de alta tecnologia começam suas vidas.

• • •

Steve adotou uma tática diferente com Burt Cummings, gerente sênior da Apple, que dissera não quando contatado pela primeira vez, pois estava no processo de ser promovido a um cargo de diretor, que, na Apple, ficava um degrau abaixo do de vice-presidente. Burt desenvolvera e dirigia o programa de educação superior na Apple e foi informado que Steve queria que ele fizesse o mesmo na NeXT.

Burt afirma: "Quando eu disse não, o recrutador me perguntou se eu não conversaria com Steve antes de tomar minha decisão final. Respondi que sim".

Na reunião, Steve e eu conversamos por um tempo e, então, Steve disse que, naturalmente, ninguém tinha permissão de ver o produto até a assinatura do contrato de trabalho, mas que ele podia me mostrar uma parte dele.

Mordi a isca. Em seguida, Steve afirmou que a unidade principal ficaria separada do teclado e do monitor, existindo um cabo que conectaria tudo. Esse cabo, ele explicou, continha as conexões para teclado, mouse, vídeo, áudio e alimentação elétrica do monitor. Assim, todos os cinco cabos combinados em um único cabo.

Então, Steve trouxe o cabo real, que era liso. Ele o segurou em um U invertido e moveu as mãos para cima e para baixo, como se estivesse ordenhando uma vaca, salientando que o cabo não enroscava de nenhuma maneira.

Depois, me disse que eu podia passar minha mão sobre o cabo enquanto ele o "ordenhava".

Fiz isso.

Burt afirma que, assim que tocou o cabo, "disse que estava dentro". E, então, Burt acrescenta: "Isso diz muito a respeito de como eu era tolo" — querendo dizer que achou depois que Steve o tinha derrotado, pois fora convencido em aceitar o emprego por causa do encanto e do hipnotismo de Steve. (No entanto, sempre insisto que pessoas como Burt não foram realmente derrotadas; em vez disso, "você simplesmente aprendeu uma lição do mestre dos produtos. Foi o produto que o conquistou e não Steve".)

Escolhendo pessoas que são tanto piratas como membros de equipe

Em 1990, em um estágio um pouco posterior da sua carreira, quando Steve estava procurando por engenheiros de *workstations* de alto desempenho, ele conheceu um jovem com um currículo impressionante. Jon Rubinstein, conhecido como Ruby, foi contratado pela Hewlett-Packard para desenvolver *workstations,* depois de se formar em engenharia elétrica na Universidade Cornell. Quando Steve ouviu falar a respeito dele e o localizou, Ruby era o responsável pelo desenvolvimento do processador de um supercomputador gráfico. Liderar uma equipe de um projeto complexo indica um líder que pode assumir responsabilidades e realizar coisas. Quando Steve identifica alguém que ele acha que pode se converter em um participante importante, ele não deixa o recrutamento nas mãos de alguém do departamento de recursos humanos ou de uma agência de recrutamento externa. Ele mesmo dá o telefonema. Ruby aceitou.

Fred Schneider, professor de Ruby em Cornell, revela que também aprendeu uma lição importante com seu antigo aluno: uma lição que oferece um indício importante a respeito de como a Apple é capaz de projetar produtos tão melhores que os de outras empresas. O que Ruby ensinou, o professor afirma, é que o projeto de sistemas eletrônicos complexos não é diferente do projeto de um aspirador de pó. "O produto deve ser fácil de usar. E desde o momento em que você abre a caixa." Para Schneider, "ele e os rapazes da Apple possuem um modelo muito diferente de fazer negócios em relação a outras empresas de informática".

Ruby desempenharia um papel-chave no desenvolvimento do iPod e nos produtos subsequentes, como veremos.

Criando uma atmosfera que atrai talentos

Então, o que a Apple tem que atrai tantas pessoas talentosas? A pressão é intensa e as exigências de Steve estão em um estado constante de tremenda agitação. Ele é um visionário autêntico, um exemplo de verdade dessa expressão excessivamente usada. Se alguém em tecnologia conquistou suas credenciais como inovador, foi Steve.

É sua ênfase incansável de ser a melhor que torna a Apple tão atraente para as pessoas de alto nível. Elas sabem que estão indo trabalhar em projetos verdadeiramente inovadores e fazendo coisas mais interessantes na Apple do que em outros lugares. Então, as pessoas que Steve e a Apple contratavam, ficavam imbuídas da postura de Steve. Esse sentimento de superioridade seria insuportável se a equipe da Apple não tivesse sido capaz de criar muitos dos melhores bens de consumo já vistos.

Assim que Steve encontrava pessoas de alto nível, ele fazia tudo que estava ao seu alcance para agarrá-las. O negócio de tecnologia é competitivo até certo ponto, e Steve foi criticado por aparentemente acreditar que tudo valia no amor e na guerra. Ele foi acusado de "caçar" talentos importantes, como Jeff Robbin, diretor do iPod, de outras empresas. Mas ele não pretendia que a mesma coisa acontecesse com sua empresa. Por algum tempo, durante os primeiros dias do iPod, ele não deixava os jornalistas divulgarem o nome completo de Robbin. Essa informação era absolutamente extraoficial.

Adquirindo o estilo de Steve

Ao trabalhar com uma pessoa com a motivação e a intensidade de Steve, você absorve ideias e práticas sem estar ciente disso. Alguns anos atrás, após ter saído da Apple, eu estava tentando contratar um gerente de marketing de produto para uma das minhas empresas nascentes. Essa pessoa faria a coordenação entre vendas e engenharia, além de ser nosso "representante do cliente sênior". Assim, ele ou ela precisava ter um perfil técnico e ser capaz de conversar com a organização de vendas. Um dos meus representantes revelou que conhecia um rapaz muito bom, que tinha acabado de ser dispensado do emprego. Assim, marquei uma entrevista e estava ansioso por conhecer esse jovem, apregoado a mim como sendo muito inteligente, com mestrado em Stanford.

Na entrevista, o que realmente me impressionou foi no momento em que a conversa chegou a uma pergunta em que minha empresa e sobre o produto. Descobri que ele conhecia meu produto quase tanto quanto eu. Ele fizera uma pesquisa completa, utilizara o produto e tinha algumas ideias sólidas a respeito de como melhorar a interface do usuário. Eu o contratei e implementamos algumas das suas ideias.

No mercado atual, com toda a informação na internet sobre produtos e empresas, pode ser sensato procurar um candidato que pegou o problema para fazer o dever de casa. Se você estivesse trabalhando na Apple, Steve Jobs esperaria isso de você.

Recentemente, tive a lembrança de que comecei a aprender lições sobre contratação com Steve, quando trabalhei com ele pela primeira vez. Por acaso, encontrei-me com um homem chamado David Arella, que me contou a história de como eu o contratara para a Apple. Ele trabalhara para a Environmental Protection Agency (Agência de Proteção Ambiental) e, depois, para a prefeitura de San Francisco, enquanto fazia um MBA em Stanford. Como estava procurando um novo emprego, ele enviou seu currículo para a Apple e recebeu uma resposta que o surpreendeu, porque ele não achava que tivesse as qualificações necessárias para se candidatar.

David revela que, na entrevista comigo, eu estudei seu currículo, fiz algumas perguntas que não se pareciam com as de uma entrevista de emprego e, depois, disse-lhe: "Acho que você pode dar sua contribuição aqui. Não sei o que você faria; seu perfil não se encaixa em algo específico para nós". Eu mencionei um salário para ele, David diz, e perguntei: "Você estaria disposto a se juntar a nós e depois veremos o que você pode fazer?".

Ele começou a trabalhar em formulação de políticas no departamento de remuneração e com o tempo tornou-se chefe de recursos humanos do grupo do Apple II, com um orçamento multimilionário. Em nosso encontro recente, ele disse: "Você não me contratou por causa das minhas qualificações; você me contratou a despeito delas. Isso me colocou em um plano de carreira que ainda estou seguindo". Então, David afirmou: "Provavelmente, contei essa história centenas de vezes".

Para mim, a história demonstra que você não tinha de estar perto de Steve por muito tempo para que atitudes e práticas começassem a mudar sua forma de trabalho.

Às vezes, há pessoas que parecem ser totalmente da "marinha", mas, quando você alcança o íntimo, encontra um "pirata" pronto para ser liberado. Uma pessoa assim foi Grace Hopper. Quando conheci Grace, ela tinha mais de sessenta anos e era almirante da Marinha, que envergava seu uniforme orgulhosamente. Ela não representava simplesmente a Marinha no sentido "Marinha versus Piratas"; Grace era a coisa real. Nada podia ser mais Marinha do que ela.

Conhecê-la foi um prazer especial para mim: ela era uma das minhas heroínas. Como integrante do centro de pesquisa da Marinha, Grace inventou uma das primeiras linguagens de programação de computadores, que se tornou a base do Cobol, a linguagem de *software* que realmente revolucionou a programação. Quando começamos a conversar, Grace foi polida e nada mais. Quando introduzi o assunto de *software*, surgiu um brilho de satisfação nos seus olhos. Percebi que estava conversando com uma pessoa brilhante e criativa, que senti que poderia se tornar um pirata com muita facilidade.

Foi um grande lembrete que, na busca de um talento, você não deve ser demovido pelas primeiras impressões, mas deve investigar para achar a pessoa real, às vezes descobrindo um pirata quando menos espera.

CAPÍTULO 5

Recompensas para os piratas

A maioria das empresas reconhece seus funcionários promovendo pequenas comemorações em aniversários, datas de admissão etc. No entanto, para uma empresa centrada no produto como a Apple, as comemorações, as recompensas e os reconhecimentos enfocam as estrelas da empresa: seus talentos e produtos.

Steve gostava verdadeiramente do seu pessoal. Não era só o fato de que ele sabia que não poderia fazer todas essas coisas incríveis sem eles: ele deixava seu pessoal *saber* que *ele sabia*. Muitas vezes, a amplitude pela qual Steve demonstrou reconhecimento, apreço e recompensa em relação ao seu pessoal deixou-me assombrado.

O exemplo mais memorável veio quando ele me disse: "Os pintores assinam seus trabalhos", e decidiu que as assinaturas dos membros da equipe original de engenharia seriam gravadas dentro dos gabinetes dos primeiros Macs. A festa de assinatura foi realizada após uma reunião semanal do pessoal, em 10 de fevereiro de 1982, com cada pessoa da equipe colocando sua assinatura sobre um grande papel de rascunho, incluindo Steve Wozniak, que utilizou seu conhecido apelido, Woz.

Os compradores do Mac nunca veriam as assinaturas dentro do gabinete nem mesmo sabiam que estavam ali. No entanto, os engenheiros sabiam, e isso tinha um grande significado para eles. Ainda hoje, cada vez que eles veem um Mac clássico na garagem de alguma pessoa ou em um museu de computadores, têm a satisfação de saber que seus nomes estão no interior deles. Para a maioria de nós, há poucas satisfações maiores do que saber que somos parte de um grande produto.

Inspirando para ser pessoalmente envolvido

Quando ingressei na Apple, Steve já tinha chegado a um entendimento aguçado de que as pessoas ficam motivadas quando seu gerente ou líder faz uma conexão direta, ativa e pessoal com o produto. Ele descobriu que é o melhor modo de inspirar as outras pessoas.

Seu objetivo é fornecer energia suficiente para que cada pessoa da organização fique tão motivada quanto ele. As pessoas têm de sentir que são parte do produto para isso acontecer. Na organização de Steve, o produto é o centro de tudo, incluindo o reconhecimento e a motivação das pessoas. A atenção de todos está concentrada no produto.

Steve sabe que você tem de *se tornar* o produto para se engajar. Ele encontra meios poderosos de garantir que cada funcionário se convença de que Steve sabe da importância fundamental da contribuição de cada um deles para o sucesso do produto. Isso é liderança por exemplo. As pessoas ficam muito conectadas com o que estão fazendo — criando o produto —, porque percebem como seu líder está conectado.

Quando o Mac saiu, ainda que não tenha se saído bem inicialmente, todos da equipe sabiam do seu potencial. Steve tinha certeza disso, e seu entusiasmo nunca diminuiu. Ele era sempre capaz de dizer as palavras certas para manter as pessoas ligadas no seu trabalho. E mesmo com o estresse e o desafio de trabalhar com um líder cuja paixão e obsessão pelos detalhes jamais acabava, as pessoas gostam de trabalhar na Apple — e trabalhar para Steve.

O resultado? A Apple apresentou um índice de rotatividade de pessoal de 3%, o menor da indústria de tecnologia. Mesmo aqueles que raramente viam Steve face a face eram leais a ele.

Essa lealdade se reflete em como as pessoas são recompensadas por seus esforços. A grande maioria das empresas oferecem recompensas na forma de salário, bônus e opções de compra de ações. Esse também é o caso da Apple, mas Steve era notável em reconhecer e recompensar as pessoas de modos muito diferentes. Dinheiro e ações não são as únicas soluções para manter as pessoas altamente motivadas. Nos primeiros tempos, em especial, sempre que uma equipe alcançava um marco importante, todos sabiam que era provável haver algum tipo de reconhecimento.

A equipe do Mac tinha um estoque de garrafas de champanhe, abertas sempre que alguém sentia que um objetivo pequeno, mas importante, fora alcançado.

Quando algum membro da equipe do Mac merecia um bônus, Steve colocava o cheque em um envelope de trabalho, dirigia-se até a estação de trabalho do funcionário e o entregava pessoalmente. Certo dia, ele distribuiu medalhas para os engenheiros da equipe do Mac, simplesmente para demonstrar o quanto ele apreciava seus esforços.

E Steve sabia que objetivos mantinham as pessoas em movimento: o *software* da tela do vídeo tinha de estar funcionando no dia 15... 75 mil unidades precisavam estar prontas no dia 21... A conquista de cada marco era um momento de pausa e celebração.

Assim que os primeiros Macs foram postos à venda, Steve quis que os funcionários da fábrica soubessem que seus esforços haviam sido apreciados. Como um presidente-executivo demonstra reconhecimento? Talvez o departamento de recursos humanos imprima certificados para serem pendurados na parede? Dizer para o gerente da fábrica realizar uma comemoração? Não para Steve. Ele foi pessoalmente à fábrica, levando-me com ele. Entregou uma nota de cem dólares para cada funcionário, olhando nos olhos de cada um, como de costume. Mas o dinheiro não era o que importava. O que causou uma impressão profunda foi o presidente-executivo se preocupar em entregar o bônus de "parabéns" *pessoalmente.*

Certo dia, eu estava com Steve em uma das suas incursões do tipo "gerenciamento por perambulação" e fomos até a área de expedição da fábrica do Mac. Steve achava que os produtos não estavam sendo preparados para expedição rápido o suficiente ou bem o suficiente. Novamente, ele assumiu o papel de se imaginar como o produto, descrevendo o que estava vivenciando como um Mac chegando na área de expedição. Na frente de todo o pessoal da expedição, ele começou a mexer com os produtos embalados e com os plásticos de embalagem, para pensar a respeito de como a expedição poderia ser aprimorada.

A maioria das pessoas da área de expedição ficou espantada e perturbada com o desempenho; mas revelou modos de aumentar o fluxo da expedição. E quando ele terminou, todos vibraram e aplaudiram. Então, pedimos pizzas e bebidas, e todos celebraram juntos o método de expedição aprimorado.

No fim, essas mudanças possibilitaram atender o objetivo que Steve fixara de ter um Mac expedido a cada 27 segundos.

Após o almoço, quando voltamos para a Bandley Drive, encontramos um grande caminhão na porta dos fundos. Havia cem Macs dentro, e Steve os entregou pessoalmente, em uma pequena cerimônia, chamando o nome de cada pessoa, apertando as mãos e concedendo seus agradecimentos pessoais.

Cada um desses Macs era personalizado com uma plaqueta com o nome do presenteado. Ainda tenho o Mac que Steve me deu naquele dia, e aposto que a maioria das outras 99 pessoas também.

No lançamento do iPhone, *todos* os funcionários ganharam um aparelho: desde o funcionário de tempo parcial até os consultores que estavam na empresa havia mais de um ano.

Steve era o maior chefe de torcida que qualquer equipe pode ter, continuamente levantando o moral e o entusiasmo com frases como: "O que estamos fazendo aqui enviará uma onda gigante através do Universo".

Estimulando o "artista" em cada pessoa

Steve era um artista, o "artista-chefe" da Apple, para utilizar um termo que, recentemente, ganhou aceitação, mas que era uma descrição apropriada sobre ele desde o início. Ele estimulava os membros da equipe de design a pensar como artistas. Steve levou toda a equipe do Mac ao Museu Louis Comfort Tiffany, em 1982. Por quê? Porque Tiffany era um artista que tinha feito a mudança para a produção em massa com sucesso.

Steve tirava proveito da sensibilidade artística dos seus engenheiros. Sempre excitado em ter novos produtos prontos para mostrar, ele colocava as tropas em forma como um domador de leões, com frases como: "Os artistas reais expedem no prazo".

Andy Hertzfeld, importante membro da equipe original de projeto do Mac, expôs sua versão: "A equipe do Mac tinha um conjunto complexo de motivações, mas o ingrediente mais singular era uma dose forte de valores artísticos. O objetivo nunca era superar a concorrência ou ganhar muito dinheiro; era fazer a melhor coisa possível ou, se possível, ainda mais incrível".

Informando as pessoas

Por algum motivo, os jornalistas raramente escrevem a respeito de uma das características pessoais mais impressionantes de Steve: o quanto ele investia em informar as pessoas a respeito da importância delas e das coisas que elas fazem.

Steve estava sempre pensando na melhor maneira de gerar entusiasmo. Ele tinha um talento natural para isso, mas também fazia questão de observar outras pessoas que têm essa capacidade. O que elas dizem exatamente? Qual é a postura delas? Como elas sabem se a outra pessoa está ouvindo o que estão falando?

É fácil perder de vista quão decisivo é o elemento humano. Steve era um modelo exemplar para todas as pessoas da Apple, desde os altos executivos até as equipes dos Genius Bars das Apple Stores. Em um famoso discurso de paraninfo para a turma de 2005 da Universidade Stanford, ele afirmou: "Você tem de confiar em alguma coisa, sua intuição, seu destino, sua vida, seu carma, seja o que for. Essa abordagem nunca me desapontou, e fez toda diferença na minha vida".

Ele incutia o mesmo senso de confiança, propósito e visão nas pessoas que trabalhavam para ele.

Steve foi grande defensor da criação da licença sabática na Apple. Depois de cinco anos na empresa, o funcionário teria um mês de licença remunerado. Mas não para ficar tomando sol na praia e bebendo piñas coladas: as pessoas eram informadas de que a expectativa da empresa era que elas voltassem com novas ideias a respeito de um produto, um processo ou uma questão maior envolvendo a empresa e sua estratégia. A licença sabática era um tempo para revitalizar o pensamento criativo.

Praticando a motivação com participação ativa

Steve era um mestre do "gerenciamento por perambulação". Você podia vê-lo em qualquer dia da semana andando pelos corredores, entrando nas salas para perguntar: "O que você está fazendo?" ou "Quais problemas você tem?" De vez em quando, era possível percebê-lo com um comportamento mais exigente e desafiador: "O que você está fazendo para ganhar o dinheiro que estou pagando a você?".

Para certas pessoas, pode ser incômodo. Elas consideram isso administrar por pressão. Mas a abordagem pode criar sentimentos mais positivos, fazendo as pessoas pensarem: "Ele se importa não só com o produto, mas também com minha função. Sou parte de algo maior. Estamos nessa juntos". Ao longo dos anos, Steve gerenciou seus funcionários de maneira a estar sempre presente na vida deles. Ele sentia que, se fosse acessível e escutasse os funcionários, todos se mostrariam à altura para satisfazer suas expectativas.

Andy Grove, então presidente da Intel, também trabalha de forma parecida. Na época, a Intel era uma empresa muito maior que a Apple. Andy visitava as pessoas sem aviso prévio, e elas sentiam-se ameaçadas. Mas ele as visitava porque queria ser parte de tudo que estava em andamento, para além de incutir o espírito de solução de problemas e de busca constante de melhores soluções. Esse tipo de liderança se baseia em estar por toda parte ao mesmo tempo. Se feito de modo apropriado, faz todos se sentirem parte do quadro geral.

Atualmente, esse estilo de gerenciamento com participação ativa é ainda mais importante. Com nossos celulares, mensagens de texto e e-mails, estamos sendo absorvidos pela tecnologia, crescendo mais longe das pessoas em nossas vidas. Sim, Steve utilizava muito e-mails, mas continuava muito ativo na participação do dia a dia. Ainda hoje, sigo as lições que aprendi com ele a respeito de gerenciamento e desenvolvimento de produtos com participação ativa: as pessoas em quaisquer organizações sabem que estou disponível, e que, em relação a qualquer questão de importância, prefiro vê-los pessoalmente a receber um e-mail impessoal.

Voltando aos funcionários da Apple: quando eles precisavam de uma pausa para respirar, todos os membros da equipe do Mac se dirigiam para aquele átrio que descrevi anteriormente. Era o ponto de reunião para relaxar, repleto de videogames e com estoques ilimitados da bebida favorita de Steve, um produto local, novo na ocasião, chamado Odwalla. (A conhecida preferência de Steve pelo suco Odwalla transformou o produto num imenso sucesso internacional.)

Era um ótimo lugar para compartilhar o que você estava fazendo, o que você precisava, os desafios que você estava enfrentando. Um local de reunião como o átrio do Mac ajuda todos a ter a sensação de que não estão sozinhos. Um problema enfrentado por um membro da equipe é um problema de todos.

Uma tática de liderança de Steve: sessões de análise muito frequentes

Além dos grandes seminários da equipe, que aconteciam trimestralmente naquela época, e das celebrações improvisadas pela conquista de objetivos, havia as sessões de análise de produto do tipo "carne com batatas", que aconteciam formalmente todas as semanas. Steve acreditava em análises de produto *muito* frequentes.

Mesmo com todas essas comunicações, Steve não esperava pela próxima sessão de análise quando era tomado por uma ideia ou pergunta. O líder de uma equipe de produto estava num jantar, ou em casa com sua família, ou se preparando para dormir, e Steve ligava e apresentava uma lista de itens: "Você fez isso, você conseguiu a resposta para isso, alguém sugeriu um candidato para a vaga que você precisa preencher, você achou uma solução para o problema assim e assado?". E, então, ele podia ligar de novo algumas horas depois, com mais itens que tinha pensado; a maioria deles muito detalhados.

No entanto, todas as vezes, ele perguntava: "Você pode falar agora?". O senso implícito de que você trabalhava para ele durante 24 horas do dia era, ao mesmo tempo, abrandado com uma demonstração de respeito por sua vida privada.

Ele quebrava algumas das regras supostamente rígidas a respeito de como lidar com as pessoas. Ele era famoso por pressionar as pessoas até seu limite, esperando que elas dessem o máximo todos os dias. Por que elas aturavam as interrupções depois do trabalho?

É sempre difícil trabalhar para um perfeccionista. Você vai longe se tentar ser tão estimulado, empolgado e inspirador quanto seu líder.

Seus funcionários estão usando seus produtos?

Isso pode não se aplicar no seu setor: se você fabrica semicondutores, molas de cama ou peças de trator... ou, se você estiver no setor de prestação de serviços, criando sites ou entregando pacotes pela cidade, o que estou sugerindo aqui provavelmente não se enquadra no seu caso.

Porém, se você fornecer produtos ou serviços que seus funcionários possam utilizar, então vai querer achar modos eficazes de se certificar de que seus funcionários não são apenas usuários do que você oferece, mas usuários entusiásticos, usando os bens não só porque alguém os está controlando, como também porque acreditam nos produtos.

Isso vai um passo além: se você fosse o chefe da Intel, por exemplo, esperaria funcionários leais, utilizando computadores em casa portando a etiqueta *Intel Inside*.

Nos tempos pré-Mac, os novos funcionários da Apple eram contratados na base da tentativa, e a expectativa era que aprendessem a usar o Apple II. Depois de três semanas, eles eram testados. Se não tivessem conseguido aprender a utilizar o computador, isso seria considerado um sinal de que não se importavam com o produto ou a empresa e eram demitidos.

Se aprovados no teste, a Apple dava-lhes um computador Apple II de presente.

Em 1985, após o lançamento do Mac, meu grupo de instalações projetou uma loja da Apple para funcionários perto da Bandley Drive, abastecida com produtos da empresa: computadores, impressoras, periféricos e acessórios. Não era um centro de lucro, mas um modo de estimular os funcionários a ficarem a par das últimas versões de todo o *hardware*. Você podia sair com um Mac ou um Apple II por cerca de metade do custo de fabricação, cerca de 75% de desconto em relação ao preço do varejo.

Ainda melhor, todo funcionário tinha o privilégio, uma vez por ano, de comprar um computador para um familiar ou amigo... com o mesmo preço reduzido: outra recompensa para os piratas do Macintosh e para os não-piratas do restante da Apple.

A empresa também era muito generosa com fornecedores, desenvolvedores e consultores. "Você gostaria de dois novos Macs? Uma impressora a laser? Um servidor?" A perda para a empresa praticamente não afetava a receita; o ganho em boa vontade e entusiasmo em relação aos produtos da Apple era enorme, além de qualquer cálculo.

A maior recompensa

Há poucas coisas no mundo empresarial de mais valor do que possuir uma equipe de funcionários que se interessa pela empresa e por seus produtos. Chuq von Rospach, veterano com dezessete anos de Apple, afirma: "Fui trabalhar na Apple por motivos muito simples, era uma empresa que eu sentia que podia fazer diferença e melhorar a sociedade. A Apple é uma espécie rara de empresa, sem medo de tentar melhorar o mundo ao seu redor". Esse tipo de atitude é o que fomenta o grau do sucesso com foco no produto.

Um programador da Apple, dos primeiros tempos (ele espera voltar, por isso não estou revelando seu nome), captou o modo pelo qual essa atitude permeia a empresa: "Mesmo dois anos depois que deixei a Apple, ainda sinto como se eu celebrasse dois Natais, um com minha família e um, em janeiro, na Macworld, quando Steve Jobs entrava no palco e dizia: 'tenho algumas coisas a mostrar a vocês hoje e acho que vocês vão gostar'".

Como "artista-chefe", Steve sempre queria oferecer uma apresentação grande, espetacular, primeiro aos acionistas no encontro anual da empresa, e, depois, na Macworld, aos entusiastas quase fanáticos e desenvolvedores da Apple. Ele era notável na criação de agitação, dentro da empresa, em particular, e para o mundo, em geral. Todos os funcionários paravam de trabalhar quando ele fazia seu discurso na Macworld e se reuniam para assistir em telões instalados no restaurante da sede da empresa. Steve sabia que estava falando a um público mundial, mas isso era tão importante para ele como o fato de falar para cada funcionário e fornecedor da Apple, em especial aqueles que tinham uma conexão, ainda que remota, na criação dos produtos que ele apresentava naquele dia. (Diversas apresentações de lançamento de produtos feitas por Steve podem ser visualizadas no YouTube; procure por "Steve Jobs Macworld".) Para os piratas de Steve, a maior recompensa é a emoção de ver seu produto lançado com grande destaque, o tipo de destaque que Steve era tão talentoso em criar.

Para os piratas do mar do passado, a recompensa era a pilhagem. Para os piratas das melhores empresas da atualidade, uma das maiores recompensas chega quando um novo produto ou serviço que eles têm à mão é lançado com algo a mais do que um mero *press release*.

Bastava observar Steve no palco em um lançamento e imaginar o orgulho e a satisfação que você sentiria se tivesse tido um papel na criação, na comercialização ou no lançamento. Então, pergunte-se o que você pode fazer para criar o mesmo senso de recompensa para seu pessoal.

PARTE III

ESPORTES DE EQUIPE

CAPÍTULO 6

A organização orientada pelo produto

Um dos aspectos mais decisivos de qualquer organização é obter uma estrutura correta, para atender as necessidades da empresa. Nos primeiros anos da Apple, a empresa prosperou com o sucesso do Apple II. As vendas eram altas e cresciam exponencialmente todos os meses. Steve Jobs tornou-se a celebridade nacional da alta tecnologia e o símbolo dos produtos da Apple, com Steve Wozniak recebendo menos do que seu merecido crédito como gênio técnico por trás de tudo.

Então, no início da década de 1980, o quadro começou a mudar, mas a administração da Apple não compreendeu e não viu os problemas em desenvolvimento. Para piorar as coisas, o sucesso financeiro da empresa estava mascarando os problemas.

O melhor dos tempos, o pior dos tempos

Era um período em que todo o país estava sofrendo. No início de 1983, os tempos não eram favoráveis à venda de qualquer coisa. Na

Casa Branca, Ronald Reagan havia sucedido Jimmy Carter, e os Estados Unidos, em geral, estavam ainda saindo de uma grave recessão; uma singular, em que a inflação desenfreada, geralmente associada a uma demanda superaquecida, combinava-se com a atividade econômica deprimida. Estagflação, era esse o nome do fenômeno. E para domar o monstro da inflação, Paul Volcker, presidente do Federal Reserve (Banco Central norte-americano), tinha jogado para o alto a taxa de juros, inibindo a demanda de consumo.

Mais perto de casa, a IBM tinha ingressado com toda força no mercado de PCs, o qual a Apple antes controlava inteiramente. A IBM era o gigante solitário entre pigmeus no setor do computador pessoal. E os "pigmeus" eram empresas como General Electric, Honeywell e Hewlett-Packard. A Apple nem mesmo podia ser chamada de empresa-pigmeu. Ela teria correspondido a um erro de arredondamento se colocada na demonstração de lucros e perdas da IBM. Desse modo, será que o destino da Apple era o desaparecimento, rebaixada às notas de rodapé dos êxitos efêmeros nos livros-textos de negócios?

Ainda que o Apple II fosse a fonte de dinheiro da empresa, Steve percebeu corretamente que seu apelo desvaneceria. Pior, a empresa tinha acabado de enfrentar sua primeira falha importante: o *recall* de todos os novos computadores Apple III, de 7,8 mil dólares, devido a um problema com um cabo defeituoso, com custo menor que 30 centavos de dólar.

Então, houve o ataque violento da IBM com seus anúncios improváveis e encantadores de "Charlie Chaplin". No seu lançamento, a Big Blue (apelido da IBM) teve o profundo efeito de legitimar o computador pessoal como algo mais substancial do que um *playground* de praticantes de *hobbies*. A empresa tinha praticamente criado um novo e imenso mercado com um estalar de dedos. No entanto, a pergunta imediata para a Apple era: como a empresa poderia reagir ao fabuloso poder de mercado da IBM?

Para sobreviver, que dirá ter sucesso, a Apple precisava de um grande Segundo Ato. No pequeno grupo de desenvolvimento que Steve estava gerenciando, ele acreditava que tinha o antídoto: a organização orientada pelo produto. Mas ele enfrentaria um dos únicos obstáculos insuperáveis da sua carreira, um desafio que ele próprio estava a ponto de ser o responsável pela criação.

Busca de liderança

Na Apple, a situação de liderança era duvidosa. Steve era o presidente da diretoria, embora sua atenção principal se concentrasse no Mac. Mike Scott ainda não tinha demonstrado ser uma escolha eficaz como presidente, e Mike Markkula, o investidor que colocara o dinheiro inicial para que os dois Steves começassem a empresa, estava atuando ainda como presidente-executivo, mas procurando uma forma de entregar o cargo a alguém.

Apesar de todas as pressões que sofria, uma vez por mês, aproximadamente, Steve ia ao campus próximo de Stanford, em geral acompanhado por mim. Nos diversos percursos de carro que fiz com Steve, para Stanford e outros lugares, os deslocamentos eram sempre uma experiência. Ele era um motorista muito bom, muito atento ao caminho e ao que os outros motoristas faziam; mas, naqueles tempos, ele dirigia do mesmo modo que gerenciava o projeto do Mac: com pressa, querendo que tudo acontecesse o mais rápido possível.

Você tinha a sensação de que qualquer recém-chegado poderia aprender muito a respeito da personalidade e do foco do Steve andando naquele Mercedes com ele. O recém-chegado descobriria rapidamente o amor de Steve pela música; sem dúvida, parte importante da sua vida. Ele dizia: "Você já escutou isso antes?", e colocava uma música dos Beatles ou outra das suas favoritas, num volume tão alto quanto o do meu primeiro passeio com ele ao PARC, de modo que quase tínhamos de gritar para escutar um ao outro.

• • •

Nessas visitas mensais a Stanford, Steve se reunia com os alunos da Business School, numa pequena sala de conferência com trinta a quarenta estudantes, ou num ambiente de seminário, em torno de uma mesa de conferência. Dois dos alunos, quando se formaram, foram contratados por Steve para o grupo do Mac: Debi Coleman e Mike Murray.

Em uma das reuniões semanais de Steve com os líderes de equipe do Mac, ele fez alguns comentários a respeito da necessidade de um novo presidente-executivo. Debi e Mike começaram a enaltecer John Sculley, presidente da PepsiCo, que tinha falado uma vez para a classe deles da Business School. Sculley havia planejado a campanha de marketing da década de 1970 que, finalmente, ganhara uma importante participação de mercado, em detrimento da Coca-Cola. Conhecidos como Pepsi Challenge (Desafio da Pepsi) (com a Coca, naturalmente, como o desafio), eram anúncios em que consumidores de olhos vendados provavam os dois refrigerantes e eram solicitados a dizer de qual haviam gostado mais. Nos anúncios, claro que sempre escolhiam Pepsi.

Debi e Mike falaram com muito entusiasmo a respeito de Sculley como presidente-executivo e gênio do marketing experiente, e acho que todos os presentes tiveram a sensação de "era exatamente o que precisávamos".

Suponho que Steve logo tenha começado a manter conversas telefônicas com John. Após algumas semanas, ele passou um fim de semana prolongado de reuniões com John; isso foi no inverno; lembro-me de Steve falar a respeito de estar no Central Park com neve fresca sobre o chão.

Ainda que John, naturalmente, não soubesse nada sobre computadores, Steve ficou muito impressionado com seus *insights* de marketing. Parte disso o levou à liderança dessa empresa gigantesca que é a PepsiCo, e que Steve avaliou ser um grande ativo para a Apple. No entanto, para John, havia desvantagens evidentes em relação ao que Steve estava oferecendo. Como empresa, a Apple era minúscula em comparação à PepsiCo. Além disso, todos os amigos e contatos empresariais de John eram da Costa Leste. E, sobretudo, ele sabia que era um dos três candidatos a se tornar o presidente do conselho da PepsiCo. Sua primeira resposta foi um não sem rodeios.

Steve sempre teve a medida completa de uma característica pessoal que é a marca de um líder de sucesso: determinação. O coroamento do seu cortejo em relação a Sculley veio com uma frase que se tornou uma lenda empresarial: "Você quer passar o resto da vida vendendo água açucarada ou quer uma chance de mudar o mundo?". A pergunta revelou menos a respeito de Sculley do que a respeito do próprio Steve: sem dúvida, ele se via como destinado a mudar o mundo.

Muito tempo depois, John se lembrou: "Engoli em seco porque sabia que, pelo resto da minha vida, ficaria me perguntando a respeito daquilo que eu tinha perdido".

O "caso amoroso" com Sculley continuou durante meses, mas, na primavera de 1983, a Apple Computer finalmente tinha seu novo presidente-executivo. Com isso, Sculley tinha trocado a gestão de uma empresa global consagrada, e uma das marcas icônicas do mundo, pela gestão de uma empresa relativamente pequena, em um setor que ele não sabia nada. Uma empresa, além disso, que até "anteontem" fora de dois rapazes em uma garagem e que agora lutava contra a gigante do setor.

Nos meses seguintes, John entendeu-se de forma memorável com Steve. Os jornais de negócios os apelidaram de "a dupla dinâmica". Eles realizavam reuniões juntos e, ao menos durante o dia de trabalho, ficavam praticamente grudados. Mais do que isso, eles eram uma sociedade de tutoria mútua: John mostrava a Steve como uma grande empresa é administrada; Steve apresentava a John os mistérios dos bits e bytes. Mas, desde o início, a maior atração para John Sculley era o projeto principal de Steve Jobs: o Mac. Com Steve como "monitor de escoteiros" e "guia turístico", era previsível que o interesse de John não fosse direcionado a qualquer outra coisa.

Para ajudar John com a transição desafiadora de refrigerantes para o mundo aparentemente misterioso da tecnologia, coloquei um dos meus funcionários de TI, Mike Homer, em um escritório perto do de John, com a missão de trabalhar como seu braço direito. Quando Mike saiu da Apple, um jovem chamado Joe Hutsko assumiu o cargo; algo notável, pois Joe não tinha educação superior, nem formação técnica formal; no entanto, estava 100% apto para a função. Achei que para John e para a Apple terem êxito, ter uma pessoa especializada em tecnologia ao lado era essencial.

Steve concordava com esses intermediários, mas não ficou muito feliz; ele teria preferido ser a única fonte referente ao conhecimento de tecnologia de John. Mas, evidentemente, Steve tinha outras coisas em mente para além de ser tutor de John.

A sintonia entre John e Steve era tanta que, às vezes, completavam as frases um do outro. (Na realidade, nunca os vi fazendo isso, mas a história se transformou em uma das lendas John/Steve.) Parte desse pensamento, ao que se constatou, era parte do processo de John, aos poucos, assumir a visão de Steve de que o futuro da Apple era o Macintosh.

Nem Steve nem John poderiam ter percebido a batalha que se apresentava a frente. Mesmo se um Nostradamus moderno tivesse previsto a batalha, suporíamos que seria uma briga entre produtos: Macintosh contra Lisa, ou Apple contra IBM. Nunca nos ocorreu que a briga seria, por incrível que pareça, a respeito da organização da empresa.

A confusão do modelo mercadológico

De fato, um problema crucial para Steve era o próprio computador Lisa, da Apple, que a empresa lançara no mesmo mês da contratação de Sculley. Com o Lisa, a Apple ambicionava quebrar a fortaleza da IBM no mercado de clientes empresariais. Ao mesmo tempo, uma versão aprimorada do Apple II também foi lançada: o Apple IIe.

Steve insistira desde o começo que o Lisa era baseado em uma tecnologia superada, mas enfrentou um obstáculo ainda maior no mercado: o preço de lançamento atingia colossais 10 mil dólares. O Lisa havia lutado por seu fundamento desde o início. Carente de capacidade, com excesso de peso e de preço exagerado, fracassou rapidamente e não foi um fator importante na crise vindoura. Enquanto isso, o IIe, com novo *software*, melhores recursos gráficos e usabilidade aprimorada, era um sucesso inequívoco. Ninguém havia esperado que essa atualização mais ou menos de rotina se transformaria em um grande sucesso.

O público-alvo do Mac, em contraste, era o consumidor individual e principiante. O preço seria de cerca de 2 mil dólares; muito mais atrativo do que o preço do Lisa, mas ainda assim muito mais caro do que seu principal concorrente, o IBM PC. E ainda havia o Apple II, que, pelo que se viu depois, continuaria no mercado por muitos anos. Então, agora a Apple era a história de dois produtos: o Apple IIe e o Mac. Esse era o tipo de problema pelo qual John Sculley fora contratado para solucionar. Mas isso era difícil, pois Steve não parava de contar histórias a respeito do Mac para John e das glórias que traria para os usuários de computador e para a Apple.

Por causa do seu conflito organizacional, a empresa se alinhou em dois lados: Apple II contra Mac. O mesmo acontecia nas lojas que vendiam os produtos da Apple: o grande concorrente do Mac era o Apple II. No auge desse conflito, a empresa tinha cerca de 4 mil funcionários, dos quais 3 mil estavam no suporte da linha de produtos Apple II e 1 mil, nas organizações do Lisa e Mac.

Apesar do desequilíbrio de três para um, a maioria dos funcionários considerava John negligente em relação ao Apple II, pois ele estava muito concentrado no Mac. Mas no interior da empresa era difícil perceber esse "nós contra eles" como um problema real, pois era mascarado pelas imensas receitas de vendas e pelo 1 bilhão de dólares que a Apple até então tinha no banco.

O portfólio crescente de produtos preparou o terreno para alguns frenesis e dramas espetaculares.

O acesso ao mercado para o Apple II era tradicional no setor de bens eletrônicos de consumo: venda por intermédio de distribuidores, os quais revendiam para escolas e faculdades e para varejistas. Como em outros setores — máquinas de lavar roupa, refrigerantes e carros —, eram os varejistas que vendiam os produtos para os clientes individuais. Os clientes da Apple, em resumo, não eram os usuários finais individuais, mas grandes organizações de distribuição.

Em retrospecto, é evidente que era o canal de vendas errado para um produto de tecnologia como o Mac.

Enquanto a equipe do Mac trabalhava freneticamente na revisão final dos itens de última hora, para o lançamento já muito atrasado, Steve pegou um modelo de demonstração para uma turnê de pré-lançamento, e visitou oito cidades dos Estados Unidos, para divulgar o novo computador à mídia. Em uma parada, o modelo de demonstração não funcionou muito bem. Havia algum defeito no *software*.

Steve fez o melhor que pôde para ocultar o problema. Assim que os jornalistas deixaram o recinto, ele ligou para Bruce Horn, responsável por essa parte do *software*, e descreveu o problema.

"Quanto tempo vai ser necessário?", Steve perguntou.

Após um instante, Bruce lhe disse: "Duas semanas". Steve sabia o que isso significava: levaria um mês com qualquer outra pessoa, mas Bruce era o tipo de sujeito que se trancaria no seu escritório e ficaria ali até solucionar o problema.

Porém, Steve sabia que essa extensão de tempo prejudicaria o cronograma de lançamento. Ele disse: "Duas semanas é muito".

Bruce explicou o que estava envolvido.

Steve respeitava Bruce e sabia que ele estava dando uma estimativa válida. Porém, ele afirmou: "Entendo o que você está dizendo, mas você tem de conseguir antes".

Nunca pude compreender de onde isso veio, ou como ele desenvolveu isso, mas Steve adquiriu a capacidade, mesmo desprovido de conhecimento técnico, de avaliar perfeitamente o que é possível e o que não é.

Houve uma longa pausa enquanto Bruce pensava. Então, ele respondeu: "Tudo bem, tentarei resolver o problema em uma semana".

Steve revelou a Bruce o quão satisfeito estava. Quando ele ficava satisfeito e agradecido, você podia escutar notas de entusiasmo em sua voz. Momentos como esse eram muito estimulantes.

Uma situação parecida voltou a surgir na data de lançamento, que se aproximava, quando a equipe de engenheiros de *software* que desenvolvia o sistema operacional descobriu um problema. Uma semana antes de o código ser entregue para duplicação do disco, Bud Tribble, chefe da equipe de *software*, disse para Steve que eles não iam conseguir. O Mac teria de ser expedido com um *software* defeituoso, instável, denominado *demo*.

Em vez da explosão prevista, Steve ofereceu uma massagem de ego. Ele enalteceu a equipe de projeto, considerando-a a melhor. Todos da Apple estavam contando com eles. "Vocês são capazes de conseguir", ele afirmou, num tom irresistível de estímulo e certeza.

E, então, Steve encerrou a conversa, antes que os programadores tivessem a possibilidade de argumentar. Eles haviam trabalhado noventa horas por semana durante meses, muitas vezes dormindo sob suas mesas, em vez de ir para casa.

Mas Steve tinha inspirado a todos. No último dia, com apenas alguns minutos a mais, literalmente, eles resolveram o problema.

Notando sinais de um conflito

Os primeiros sinais de que a cordialidade entre John e Steve podia estar com os dias contados surgiram no percurso para a *blitz* de propaganda que marcaria o lançamento do Macintosh. Essa é a história do famoso comercial de tevê de sessenta segundos, para veiculação na final do Super Bowl (torneio anual de futebol americano) de 1984, dirigido por Ridley Scott, que tinha acabado de se tornar um dos diretores mais importantes de Hollywood por causa do filme *Blade Runner*.

Para aqueles ainda não familiarizados com ele, o anúncio do Macintosh apresentava um auditório lotado com trabalhadores semelhantes a humanoides, de ternos e gravatas, olhando fixamente para uma tela gigante, em que uma figura sinistra fazia uma palestra para eles — alusiva a uma cena de *1984*, romance clássico de George Orwell, que trata de um governo que controla as mentes das pessoas. De repente, uma jovem atleta, de camiseta e calção vermelho surge no corredor, correndo e, em seguida, arremessando uma marreta na direção da tela, despedaçando-a. A luz do sol irrompe na sala, o ar fresco invade o recinto e os trabalhadores saem do seu estado catatônico. A voz de um locutor afirmava: “Em 24 de janeiro, a Apple Computer vai lançar o Macintosh e você vai ver que 1984 não será como *1984*”.

Steve adorou o comercial desde o instante em que a agência de propaganda apresentou o anúncio para ele e John. John, porém, ficou apreensivo. Achou que o anúncio era exagerado, embora pudesse funcionar.

Quando os diretores viram o comercial, *odiaram*, e ordenaram que a agência de propaganda entrasse em contato com a rede de tevê para cancelar o horário que a Apple tinha comprado na final do Super Bowl e devolvesse o dinheiro.

Aparentemente, a rede de tevê fez um esforço honesto, mas informou que não tinha conseguido achar um comprador para o horário.

Steve Wozniak se lembra claramente da sua própria reação. “Steve [Jobs] me chamou para me mostrar o anúncio. Depois de assisti-lo, disse: ‘Esse anúncio somos nós’. Perguntei se íamos mostrá-lo na final do Super Bowl, e Steve revelou que a diretoria tinha votado contra.”

Quando quis saber o motivo, a única parte da resposta que Woz se lembra era que a veiculação do anúncio custaria 800 mil dólares. Woz afirma: "Ponderei a respeito disso por um segundo e disse que pagaria metade desse valor se Steve pagasse a outra metade".

Em retrospecto, Woz afirma: "Percebo agora como eu era ingênuo. Mas na época fui muito sincero".

Isso se revelou desnecessário, pois, em vez de assistir à veiculação de um anúncio substituto e sem brilho do Macintosh, Fred Kvamme, vice-presidente-executivo de vendas e marketing da Apple, no último minuto, deu o telefonema decisivo, que escreveu uma página na história da propaganda: "Veicule".

Quando o anúncio foi ao ar, os telespectadores ficaram fascinados e impressionados: nunca tinham visto nada igual. Naquela noite, os diretores dos telejornais de todo o país decidiram que o anúncio era tão singular que merecia ser noticiado, e o reprisaram como parte dos seus telejornais noturnos, dando a Apple milhões de dólares de propaganda adicional, *gratuita*.

Novamente Steve teve razão de seguir seus instintos. Na manhã seguinte à veiculação do anúncio, Steve e eu passamos de carro por uma loja de computadores em Palo Alto, em que vimos uma longa fila de pessoas esperando a abertura das portas. A história foi a mesma nas lojas de computadores de todo o país. Atualmente, muitas pessoas consideram aquele anúncio como o melhor comercial de tevê de todos os tempos.

Dentro da Apple, o anúncio foi prejudicial. Só alimentou as chamas da inveja que as pessoas dos grupos Lisa e Apple II sentiam em relação ao recém-lançado Macintosh. Há maneiras de dissipar esse tipo de inveja e ciúme dentro de uma empresa, mas isso não pode ser tratado no último minuto. Se a administração da Apple tivesse identificado o problema, ela poderia ter trabalhado para que todos os funcionários da empresa sentissem orgulho do Mac e ficassem entusiasmados com seu sucesso. Ninguém compreendeu o que o atrito estava causando na força de trabalho.

Atritos de liderança

Antes de o público ver um Macintosh na vida real, Steve teve um encontro com todos os funcionários. Houve muita agitação, mas ninguém na empresa, a não ser a equipe do Mac, já tinha visto o computador real. David Arella, o funcionário do departamento de recursos humanos que eu contratara apesar de sua falta de experiência apropriada, alegra-se quando falamos acerca do lançamento do Mac. "Steve fez um dos discursos mais empolgantes que eu já ouvi. Ele nos fez sentir 'estou no lugar certo, no momento certo'. Foi o discurso mais marcante que já ouvi", ele afirma. Mas foi um encontro único, de última hora; muito tarde para mudar a situação em relação às forças rivais dentro da empresa.

Dois dias depois da final do Super Bowl, o anúncio da Apple ainda era o assunto principal em todo o país. Então, Steve, usando um paletó azul-marinho com quatro botões e uma gravata estampada, subiu ao palco e fez uma daquelas célebres apresentações do novo produto, que se tornariam sua marca inconfundível. Com seu sorriso brincalhão, revelou o Mac e o convidou a falar. E ele falou, dizendo: "Olá, eu sou o Macintosh. Nunca confie em um computador que você não consegue erguer... Estou contente de estar fora daquela bolsa". E, em seguida, o computador disse: "É com grande orgulho que apresento um homem que foi como um pai para mim, Steve Jobs".

A plateia gritou e aplaudiu, demonstrando sua aprovação em relação a Steve e sua fascinação com um computador diferente de tudo o que eles já tinham visto.

John Sculley e eu estávamos nos bastidores quando Steve finalmente saiu do palco e disse algo como: "Este é o momento de maior orgulho na minha vida". Sabíamos no que ele pensava: não tinha só lançado um computador, mas um modo novo e completo de usar um computador. Ele estava eufórico.

Ser a face pública do seu produto

A organização orientada pelo produto tem ele mesmo como o elemento mais importante em tudo o que faz. Steve era um exemplo grandioso de ser a face do produto aonde quer que ele vá. O lugar mais óbvio de testemunhar essa façanha era quando ele estava prestes a realizar uma apresentação em uma entrevista coletiva ou na Mac Expo. Steve prestava pouca atenção na maioria das vezes, a comentários preparados. E ele era sempre muito exigente em relação aos detalhes, como a localização exata em que o produto seria lançado no palco, o modo exato como deveria ser iluminado, a dica exata como seria revelada.

Vê-lo no palco em uma dessas apresentações era ver um ator consumado; não, ele era melhor que um grande ator, pois os atores expressam palavras escritas por outras pessoas, enquanto Steve falava *de improviso*, sabendo antecipadamente, é claro, que mensagens queria transmitir, embora sem seguir um roteiro. Ele conseguia encantar uma grande plateia por uma hora ou até duas.

Ele estava sempre empolgado para ter novos produtos para apresentar. Independentemente do produto, sua confiança era inigualável. E ele era extraordinariamente imperturbável: ao apresentar a primeira impressora a laser da Apple, a LaserWriter, ele pressionou o botão do teclado do computador para dar o comando de impressão... e nada aconteceu. Steve continuou falando como se isso fosse algo que ele tivesse planejado, enquanto um grupo de técnicos vestidos de branco se concentraram no palco, acharam um cabo solto, o conectaram e desapareceram.

Steve voltou ao computador, pressionou o botão e as páginas começaram a ser impressas. Ele não ficou nada perturbado.

Quando Steve apresentou o iPhone 4 e não conseguiu obter o sinal, ele simplesmente pediu que a plateia desligasse seus iPhones e, com o problema de interferência solucionado, ele captou o sinal.

• • •

Após o lançamento do Mac, as vendas foram excelentes. Para Steve, a venda de 50 mil unidades nos primeiros cem dias representaria um sucesso. Na realidade, foram vendidas 70 mil unidades, e as vendas não pararam de crescer. Apenas em junho, as vendas superaram 60 mil unidades.

Mas esse foi o recorde. Em seguida, veio um declínio constante nas vendas, que se tornou cada vez mais preocupante. A falta de capacidade de expansão, a pequena capacidade de memória (128 kilobytes *versus* 1 megabyte no Lisa), a quantidade muito pequena de aplicativos disponíveis, num momento em que os desenvolvedores independentes de *software* estavam criando dezenas de aplicativos engenhosos para o IBM PC — tudo isso começou a cobrar seu preço. Uma queda violenta nas vendas de PC, em todo o setor (os clones da IBM também estavam agora no mix), aumentou o problema. Os consumidores decidiram fazer uma pausa para digerir tudo o que a revolução do PC tinha acarretado em poucos anos.

Alarmado, Steve achou que algo estava muito errado a respeito das vendas e distribuição. A resposta não foi difícil de encontrar: o Mac não tinha *slots* de expansão para dispositivos suplementares e, assim, não havia equipamentos periféricos para os varejistas venderem. O computador era bastante intuitivo e, assim, os varejistas não podiam ganhar dinheiro vendendo treinamento ao cliente. Além disso, as margens sobre computadores eram pequenas e as lojas obtinham a maior parte dos seus lucros a partir da venda de equipamentos periféricos e treinamento.

Os varejistas constataram que o Mac era útil para atrair os clientes às suas lojas: todos queriam ver esse tipo radicalmente novo de computador. No entanto, depois que o cliente conhecia o Mac, o vendedor diria a este todos os motivos pelos quais devia considerar um IBM ou um clone, sendo o preço uma motivação poderosa para o cliente desistir do Mac.

Outro sinal de que o sistema de vendas estava errado: criamos um programa de incentivo para o pessoal de vendas das lojas, venda a maior parte dos Macs de sua loja e ganhe um Mac para você. Fico constrangido de admitir que foi minha ideia. O resultado não foi um aumento de vendas, mas uma rotatividade de 30% no pessoal de vendas das lojas, pois as pessoas se empregavam por causa do Mac gratuito e saíam assim que o ganhavam.

Enquanto isso, as fissuras entre Steve e John estavam se tornando rachaduras.

Quando os desacordos se transformam em explosões de raiva

Após o lançamento do Macintosh, a Apple promoveu uma grande reunião de vendas mundial, em um hotel em Waikiki Beach, no Havaí. O evento foi um sucesso estrondoso, mas não passou despercebido o fato de que John e Steve passaram quase todo o tempo da conferência sem falar um com o outro.

Steve já estava no início de um processo de compreensão que cresceria ao longo dos anos vindouros: o IBM PC era divulgado como um computador "pessoal", mas a verdade era outra. Havia sido projetado para clientes corporativos, para ocupar as mesas dos funcionários.

E o mesmo acontecia em relação ao Lisa. O preço de 10 mil dólares revelava que não era para o usuário doméstico.

O Macintosh era diferente. Sozinho em um setor atulhado, foi projetado para o consumidor.

Mas a Apple tinha acabado de contratar uma nova força de vendas interna de 2,5 mil pessoas para vender o Macintosh para *empresas*. Steve ficou frustrado de não ter conseguido convencer John de que isso estava levando a Apple a uma direção errada. No jantar, na primeira noite no Havaí, os dois tiveram uma grande briga; era como uma declaração pública de que eles não eram mais os companheiros sempre unidos dos primeiros meses após a chegada de John.

Novas ideias podem mitigar atritos ou inflamá-los

A visão de Steve de vender para o consumidor foi o motivo de ele ficar tão entusiasmado a respeito dos visitantes que receberia na Apple não muito tempo depois do encontro no Havaí.

Sempre ansioso em melhorar suas habilidades gerenciais, Steve me perguntou como ele poderia trocar ideias com os principais líderes empresariais, o que me levou a organizar o Programa de Liderança Gerencial. Convidei alguns presidente-executivos para uma visita a Cupertino: um jantar com Steve e eu, e, no dia seguinte, uma espécie de seminário com os presidentes-executivos visitantes para toda a nossa equipe executiva. Diversos executivos importantes, como Lee Iacocca, da Chrysler, e Fred Smith, da Federal Express, estavam entre aqueles que aceitaram o convite, todos com perspectivas e *insights* que Steve devorou.

Entre um dos executivos que convidei estava Lee Iacocca, o presidente-executivo da Chrysler. Quando liguei para ele, Iacocca disse: "Adoraria estar presente, mas quantas Dodge vans a Apple têm?".

Respondi que não sabia, mas que descobriria. Alguns dias depois, voltei a ligar e lhe disse o que fiquei sabendo: não tínhamos nenhuma.

Lee afirmou: "Tudo bem, faça o leasing de quatro Dogde vans e eu irei".

Pela primeira vez na minha vida, vi um presidente-executivo importante agir como vendedor de alguns dos produtos da sua empresa. Fiz o leasing das vans, e ele apareceu.

A visita de Lee a Steve foi um encontro clássico de dois empreendedores históricos. Eram quase gêmeos: o entusiasmo, o foco no produto e a empolgação eram contagiantes.

Em uma das conversas de Steve com Lee, a questão da organização surgiu. Com Steve conduzindo o grupo do Mac como seu próprio feudo, a Apple estava funcionando como duas empresas distintas. O conselho de Lee foi que a empresa tinha de estar absolutamente focada no produto.

"Na Chrysler", ele disse, "tudo gira em torno do produto. Ao me encontrar, você está encontrando um Dodge van". Lee achava que os fabricantes de carros japoneses eram o máximo em relação ao foco no produto. E em seu ponto de vista, as empresas norte-americanas estavam presas nas camadas estruturadas e instáveis da administração.

"As empresas de sucesso precisam aprender a mentalidade da empresa nascente inovadora." Esse conselho também vale a partir das nossas experiências com a Sony, muito admirada por Steve, uma das empresas mais centradas em produto que podemos achar, apesar de ter, literalmente, centenas de produtos. Lee reconheceu que os produtos da Sony apresentavam o mesmo tipo de detalhe e qualidade do produto de Steve.

Isso me fez perceber mais claramente do que nunca outro dos princípios de Steve: que a estrutura organizacional de uma empresa precisa ser constantemente revisada, para garantir que ela atenda as necessidades do produto, do desenvolvimento até as vendas. A Apple não estava fazendo isso.

No final da sessão, não consegui deixar de me perguntar se Steve e Lee não poderiam ter tido uma grande relação de trabalho juntos. *Talvez*, pensei, *uma relação que teria funcionado melhor que a de Steve e John Sculley*. Como seus valores empresariais eram bastante parecidos — algo que ninguém afirmaria alguma vez a respeito de Steve e John —, imaginei os dois usando as ideias um do outro. Não importaria que o histórico de Lee fosse em um setor empresarial completamente diferente; a única coisa que importaria era que os dois tinham uma intuição de como dirigir uma empresa e como agradar seus clientes. E eles sentiam respeito e admiração mútuos.

Assim, sei que a resposta da minha pergunta é: "Sim, Steve e Lee compartilhavam o mesmo sistema de crenças e teriam formado uma grande equipe". Acredito que poderiam até ter tido êxito como co-presidentes-executivos.

• • •

Foi Fred Smith, contudo, que produziu o maior impacto sobre Steve. Ele ofereceu a possibilidade de resolver o mistério que mantinha o Mac prisioneiro do sistema tradicional de vendas e distribuição. No final de 1984, num jantar com Steve e eu, na noite anterior ao seu comparecimento em nossa sessão de liderança, Smith revelou a Steve que a IBM estava considerando uma abordagem pioneira para a venda dos PCs, uma que a Apple também devia considerar: um sistema de venda direto ao consumidor, com remessa da fábrica para a casa do cliente, usando a Federal Express.

Os olhos de Steve brilharam. De imediato, ele visualizou ter um aeroporto para os aviões da Federal Express construído ao lado da unidade de montagem do Mac, em Freemont, Macs saindo da linha de montagem e sendo levados para o terminal da Federal Express, e, depois, indo diretamente dali para a entrega a cada comprador no dia seguinte. Sem mais gastos de milhões de dólares em relação ao valor do produto associados ao canal de distribuição. Sem mais varejistas empurrando produtos concorrentes às pessoas que entravam para ver o Mac.

Steve falou disso com empolgação para John. Mas John, para quem o sistema distribuidor-varejista era a lei natural do universo, considerou a ideia estranha. Ele não gostou. Não enxergava como podia funcionar e vetou.

O que eu não percebi na época é algo que agora acredito que Lee Iacocca, Fred Smith e até Ross Perot (mais a seu respeito depois) enxergavam claramente: a questão real, nesse caso, era quem devia dirigir a Apple como seu presidente-executivo. Você já pode antecipar minha resposta: Steve.

Muitas pessoas que se tornam muito bem-sucedidas têm mentores, em especial no início de suas carreiras. Parte do meu objetivo ao criar o Programa de Liderança Gerencial foi na expectativa de que Steve encontrasse um líder empresarial muito experiente, que ele quisesse como mentor. Isso jamais aconteceu.

Uma das pessoas que Steve de vez em quando falava a respeito, com palavras de admiração — além de Gutenberg e Henry Ford — era Edwin Land, inventor da câmera Polaroid, que, em cerca de sessenta segundos, conseguia fornecer uma cópia colorida de uma foto que você tinha acabado de tirar. Como Steve, Land tinha abandonado a faculdade, saindo de Harvard após um ano. Também como Steve, ele era um grande inovador. Ao contrário dos outros herois de Steve, porém, Land ainda estava vivo e ativo. Assim que Steve mencionou o nome de Land, sugeri um encontro entre eles.

E eles se encontraram.

Quando Steve voltou, estava muito empolgado. Ele sentiu que Land era um verdadeiro herói americano. Ao mesmo tempo, Steve sentiu que Land nunca recebera o reconhecimento que merecia, pois os consumidores compravam suas câmeras, mas nunca realmente identificaram o brilho da ciência por trás do seus produtos; descobertas que Land tinha feito a partir das suas próprias pesquisas. (Durante um período inicial, ele utilizou sorrateiramente os laboratórios da Universidade Columbia à noite, pois não podia arcar com um laboratório próprio.)

Ficou claro para mim que Steve sentiu pena do destino desse homem brilhante. Mais do que isso, a experiência de escutar a história de Land foi uma experiência de aprendizagem para Steve: reforçou sua determinação de não deixar o Mac ou ele mesmo sofrer um destino parecido.

Cerca de um mês depois, inspirado pelo entusiasmo de Steve, eu mesmo fui ver Land, encontrando-o em um restaurante perto do parque Commons, em Boston. Eu o achei um tipo muito Steve Jobs: pouca educação formal, mas brilhante e muito interessado em conversas a respeito de quaisquer assuntos. E o achei um homem de qualidade. Sem dúvida, Land tinha pensado o mesmo a respeito de Steve; impressionou-se com o que Steve tinha alcançado na criação e desenvolvimento da Apple e com as ideias inovadoras que ele falou a respeito em relação ao Mac.

Ficando de pé no meio da tempestade

Mas a inspiração de Edwin Land não ofereceu nenhuma ajuda em relação aos problemas que estavam começando a aumentar na direção da Apple. Enquanto John apoiasse o Macintosh, Steve não iria prestar muita atenção às questões da estrutura corporativa. No entanto, eu sabia que ele tinha estado presente naquelas primeiras conversas a respeito da mudança da Apple de uma organização funcional para uma organização baseada em produtos. A empresa precisava ser orientada pelos produtos.

Retomando o tema de Steve, conversei com John diversas vezes, tentando fazê-lo compreender que a divisão entre operações e foco da empresa estava errada.

John escutou, mas nunca consegui convencê-lo.

Steve ficou muito alegre quando o ano de George Orwell chegou ao fim e 1985 começava. Em geral, foi porque ele conseguiu obter diversos novos aplicativos criados para o Mac por desenvolvedores terceirizados. De fato, os aplicativos eram incríveis e estimulantes, mas muito poucos e muito tarde: não eram suficientes para melhorar as vendas cadentes. Para Andy Hertzfeld, Steve "parecia desatento à desaceleração das vendas, e continuava a se comportar como se o Macintosh fosse um sucesso estrondoso, absoluto. Seus lugares-tenentes na divisão Macintosh tinham de lidar com uma crescente realidade divergente, reconciliando os planos audaciosos em constante mudança para uma dominação mundial que emanavam do seu líder com persistentes más notícias do canal de vendas". Eles ainda compartilhavam a certeza de Steve de que o Macintosh definiu o futuro do computador pessoal, embora reconhecendo, já que Steve não era capaz, que a versão inicial do Mac que tinham lançado no mercado precisava de melhorias antes da curva de vendas voltar a crescer.

Steve estava tentando descobrir como conseguir endireitar a empresa e como conseguir que as equipes redescobrissem sua paixão. Se ele não tivesse sucesso, deixava nas mãos do vice-presidente de recursos humanos: eu.

Em março, organizei um importante encontro fora da sede, no Parajo Dunes Hotel, para abordar os atritos crescentes entre o grupo do Mac e o grupo do Apple II, e também os atritos crescentes entre Steve e John. Desde então, referi-me a isso como "o encontro do espaço de prateleira".

Quando a sessão começou, descobri que John mudara a agenda que eu formulei. Ele iria usar o encontro como palco para apresentar suas próprias ideias sobre como solucionar os problemas de vendas do Mac. John passou quatro horas tentando convencer a todas as pessoas que o único caminho que levaria a melhora das vendas do Mac era a mesma abordagem que empregara para tornar a Pepsi tão bem-sucedida: controlar o espaço de prateleira.

Sua conclusão foi que a Apple precisava trabalhar melhor para controlar a prateleira e aumentar as vendas. Claro que isso nunca aconteceu. E minha tentativa de trazer à tona as principais questões organizacionais e começar uma nova Apple não chegou a lugar nenhum.

A tempestade em formação finalmente irrompeu com toda a força perto do fim de maio, quando John Sculley disse para Steve que o grupo do Macintosh não ficaria mais sob seu comando. Em vez disso, Steve estava sendo "promovido" para um cargo com maior responsabilidade geral; se bem me recordo, o título era para ser diretor de tecnologia.

De fato, a diretoria estava ansiosa para encontrar uma função apropriada para Steve, para manter seus instintos visionários notáveis dentro da empresa, mas eles achavam que ele era muito temperamental, muito inexperiente, para comandar um grupo de produto. John também queria que Steve ficasse; ele só não queria que Steve continuasse comandando a divisão do Mac.

É o momento de corrigir o registro histórico: a versão aceita afirma que John (ou a diretoria) *despediu* Steve, ou lhe disse que ele tinha de sair. Não foi isso que aconteceu.

Naquele dia, Steve saiu da Apple, entrou no seu Mercedes e partiu, extremamente magoado. Sim, ele podia ser uma pessoa difícil, mas considerava os resultados. O Macintosh era *sua* criação. As vendas não eram boas, mas melhorariam. E o restante da indústria de informática cairia toda sobre eles para oferecer mouses, ícones, menus que abrem ao ser clicados etc.

No entanto, o grupo do Mac fora tirado dele.

John ficou muito perturbado ao saber que Steve tinha saído, tanto que ele próprio também saiu mais cedo do trabalho. A diferença era que John estava de volta à sua mesa na manhã seguinte: muito cedo, como sempre.

Apesar de alguns esforços iniciais de John pedindo para que Steve voltasse, Steve seria uma pessoa de fora da Apple pelos próximos dez anos. Com Steve fora do caminho, John reorganizou a empresa, transformando-a em uma estrutura ainda mais funcional. A equipe do Macintosh não era mais uma unidade autônoma, independente, passando a integrar um novo grupo de desenvolvimento de produtos, sob o comando de Del Yocam, vice-presidente que, até onde eu sabia, tinha pouca experiência com desenvolvimento de produtos.

Seria fácil considerar esse episódio como essencialmente uma batalha por controle entre dois executivos. Mas foi muito mais: foi uma lição prática do que acontece quando uma empresa não possui uma estratégia de produto coesa e é organizada funcionalmente e não como grupos de produtos distintos.

Os princípios da liderança ao estilo Steve Jobs expostos neste livro não vieram para mim aos poucos ao longo do tempo. Com o *background* da IBM e Intel, eu tinha absorvido o primeiro dos princípios empresariais básicos que Steve estava promovendo: a organização baseada em produto e também a criação de produtos e comercialização para o consumidor, e não para empresas.

O sonho de Steve de tornar a Apple uma empresa orientada pelo produto estava morto. Na década seguinte, a empresa sofreria muito por diversos motivos; não ser organizada em torno de produtos era um dos motivos principais. Ainda que o pensamento de Steve estivesse à frente do pensamento empresarial da época, o problema era que ele sabia o que queria, mas ainda não sabia como expressar isso, e não tinha o respaldo para impor sua ideias sobre o presidente--executivo escolhido pessoalmente por ele: John Sculley.

A Apple permaneceria uma empresa não organizada em torno dos grupos de produto até a volta de Steve.

Ao observar tudo isso, percebi que é fundamental para um líder empresarial aprender a ser persuasivo, a ser compreendido. A única maneira de assegurar um foco orientado pelo produto é ter essa filosofia materializada na própria organização da empresa.

E para o próprio Steve: o que vinha a seguir?

CAPÍTULO 7

Mantendo o ímpeto

Quase todos os empreendedores, todos os gerentes de empresa e todas as empresas enfrentam uma crise, mais cedo ou mais tarde. Independentemente do tamanho — desde uma única pessoa tentando criar uma empresa até as maiores corporações mundiais e seus líderes — haverá inevitavelmente momentos decisivos, quando os problemas parecem incontroláveis e quase insuperáveis.

No manual de Steve, toda oportunidade começa com uma necessidade insatisfeita. Se você conseguir criar um produto para atender essa necessidade, ele se tornará um produto de necessidade. Steve viu o trabalho que Woz estava fazendo como esse tipo de oportunidade. Se corretamente projetados e reduzidos em tamanho e custo, os computadores se tornariam necessidades para muitas pessoas, e não só para as pessoas que se encaixavam no perfil *nerd* dos tipos do Homebrew Computer Club, mas para pessoas como o próprio Steve.

Steve sempre percebeu que, se você quiser alguma coisa intensamente, terá o poder ampliado de convencer os outros. O empreendedor orientado pelo produto vai de produto para produto. "O mesmo faz cada um na empresa", alguém afirmará. No entanto, enquanto a pessoa orientada pelo produto está sempre pensando a respeito do próximo produto para o mercado, a maioria das outras pessoas das empresas está pensando em termos da próxima oportunidade pessoal. E se isso significa pular de empresa em empresa, sem problemas.

John Sculley vinha de uma empresa em que "o próximo produto" significava mais do mesmo. Na Apple, ele estava pensando em termos da próxima oportunidade, e não do próximo produto. Mark Hurd, ex-presidente-executivo da HP, passou por três empresas em oito anos, mas nunca desenvolveu um produto. Ele não é uma exceção. Pare e pense a esse respeito: é muito comum em relação aos líderes das empresas tradicionais.

Refazendo uma empresa... O modo errado

No outono de 1985, Steve Jobs, o rapaz do produto supremo, que não queria pular de empresa em empresa, estava em crise. Ter 200 milhões de dólares não aliviava a dor de não estar mais na empresa que ele cofundou. O projeto do Macintosh, que ele acreditou tão intensamente que mudaria a natureza da informática, foi subitamente tirado dele.

Pessoalmente, eu não estava só arrasado pelo fato de Steve deixar a Apple; tinha medo que outros engenheiros importantes saíssem para se unir a ele, o que teria um impacto terrível sobre o desenvolvimento de produtos da Apple. John também lamentou vê-lo partir; todos os executivos e diretores da Apple ouviram isso do próprio John na época, e, anos depois, ele reconheceu isso publicamente.

Ao mesmo tempo, eu sabia que precisava defender aquilo em que acreditava e decidi dizer a alguns diretores da Apple que eles estavam cometendo um grande erro. Comecei com Mike Markkula e passei cerca de uma hora ao telefone manifestando minha opinião: o grupo do Mac precisava ser mantido como uma unidade distinta dirigida por Steve. Sua reação foi que Steve era "muito imaturo".

Encontrei-me com Arthur Rock, em seu escritório muito escuro, em San Francisco. Arthur agradeceu minha visita, ouviu minha opinião, fez poucos comentários, mas disse que levaria minhas sugestões em consideração nas deliberações do conselho a respeito do que fazer. Viajei e me reuni com Henry Singleton, membro do conselho, em seu escritório de Los Angeles. Sua reação foi quase a mesma de Mike e Arthur.

Alguns dias depois, Steve me convidou para um almoço em sua casa, em Woodside. Ele morava em uma casa de 1.400 metros quadrados, que, até onde pude ver, estava, na maior parte, sem mobília. Ele parecia utilizar apenas uma pequena parte dela. A refeição — uma salada com homus, apropriada para seus hábitos budistas — foi preparada e servida por seu cozinheiro e caseiro. Aparentemente, o convite foi um modo de dizer muito obrigado.

Ele achava que minha ida para a diretoria ajudaria os diretores a tomarem a decisão correta.

John Sculley convocou uma reunião para que todos os vice-presidentes da Apple prometessem sua lealdade a ele como presidente-executivo. Eu recusei e, em vez disso, jurei lealdade à Apple, aos seus funcionários e aos seus acionistas.

Alguns dias depois, John me chamou ao seu escritório e disse: "Me diga por que não devo demiti-lo. Você disse a diversos membros do conselho que eu estava cometendo um grande erro em relação a Steve". Respondi que achava o desentendimento entre ele e Steve ridículo. Além disso, disse que a Apple era um conjunto de duas empresas, Apple II e Mac, mas o Mac era o futuro da empresa, e havia sido a visão de Steve que criara o Mac. John precisava encontrar um modo de gerenciar o Apple II pelo resto de sua vida tecnológica, e deixar Steve aprontar o Mac para dominar o mercado.

John não me demitiu e, em vez disso, pediu minha ajuda para manter a Apple unida. Eu lhe disse: "Se um Messias se foi, você pode trazer de volta o outro. Chame Steve Wozniak. Envolva-o de novo". John fez isso, o que, por um tempo, deu aos funcionários da Apple mais esperança a respeito do futuro da empresa.

• • •

Quanto a convencer o conselho, enfrentei uma tarefa difícil. Steve nunca fez politicagem de escritório; não estava nos seus genes ou nos seus jeans. John, o presidente-executivo com um histórico comprovado em empresas, um executivo confiável para Wall Street, era uma decisão fácil para o conselho. Steve era cofundador, mas não era polido e deferente, e não havia garantias de que o Macintosh se tornaria tudo aquilo que Steve estava dizendo. As vendas estavam muito abaixo do que ele previra. E Sculley e o conselho não estavam cancelando o Mac. Se o Mac tinha potencial, algum outro gerente da Apple podia assumir o comando e mantê-lo vivo.

Assim, não mudei o pensamento de nenhum dos membros do conselho — ou, ao menos, não a quantidade suficiente deles para fazer diferença.

Steve tinha criado a Apple do nada e a transformado em uma empresa de 2 bilhões de dólares, que ocupava a posição 350 na lista Fortune 500. E, com base na força do Mac, a empresa ficou cinco vezes maior. No entanto, ele ainda sentia que o que aconteceu durante aquele tempo causou muitos danos à Apple, em particular para os aficionados dos produtos Apple.

O problema, como Steve revelou em uma entrevista de história oral para a Smithsonian Institution, não foi o crescimento rápido, mas a mudança de valores. Ganhar dinheiro se tornou mais importante para a Apple do que o produto. A nova administração estava adotando práticas-padrão empresariais para uma empresa orientada pelo produto, que tinha sucesso na singularidade e na inovação.

É verdade que a Apple alcançou lucros incríveis por cerca de quatro anos, mas o novo foco finalmente cobrou seu preço. Steve pressentiu que a Apple deveria ter lucros razoáveis enquanto se concentrava em um grande produto para aumentar a participação de mercado, e que essa estratégia teria dado ao Mac um terço ou mais do mercado de computadores pessoais. Em vez disso, os computadores executando o programa Microsoft Windows assumiram o controle.

Recuperando-se do desastre

Steve vendeu todas as ações da Apple, menos uma, mudando seu balanço patrimonial de um patrimônio líquido de 200 milhões de dólares para 200 milhões de dólares, menos impostos, em seu bolso. Ele me disse que não tinha nenhum plano específico, mas estava pensando em se tornar um viajante pelo mundo, perambulando sem rumo, de lugar em lugar. E, então, ele embarcou em um avião para a Itália.

Nas semanas seguintes, Susan Barnes Mack, funcionária da Apple e amiga pessoal de Steve, ligou para ele, insistindo para ele voltar, dizendo-lhe que seu pessoal estava triste sem ele.

Steve não era capaz de levar uma vida de ócio. Certo dia, ele me ligou, após seis ou oito semanas, para dizer que estava de volta.

Ele voltou a me agradecer pelo modo como eu o tinha apoiado, defendendo sua posição junto aos membros do conselho. Não tinha feito isso por ele, mas porque achava que sua permanência era fundamental para o futuro da Apple.

Ele tinha um plano em mente, e falava sério. "Vamos fazer mais uma tentativa de convencer os membros do conselho a mudarem de ideia. Vou criar uma camiseta com o seguinte dizer: 'Queremos nosso Jobs de volta.'"*

"Nossa! Isso é realmente brilhante", eu pensei.

Ele disse: "Você reúne todos os funcionários na hora do almoço e distribui as camisetas".

Uau!

Eu respondi: "Não, Steve, eu sou um executivo da Apple. Não posso fazer isso".

Ele disse algo assim: "Bem, de qualquer jeito, é uma boa ideia".

Eu concordei.

---

* No original, "We want our Jobs back". Trocadilho intraduzível: em inglês, jobs significa empregos. (N. T.)

Ficando no jogo

Durante um tempo, parecia que Steve tinha, de fato, saído do jogo. Isso me surpreendeu: não era minha expectativa em relação ao Steve que conhecia.

Contudo, ele não tinha pendurado as chuteiras. Ele tornou-se o modelo de como agir em tempos de crise: seguir em frente até encontrar um novo caminho. Ele mostraria a coragem e a iniciativa que marcam a pessoa inspirada pelo produto. Enquanto viajava, Steve havia pensado a respeito de um diálogo que tivera com Paul Berg, professor de Stanford e prêmio Nobel de Química, depois que os dois se sentaram perto um do outro, em um jantar de Stanford para François Mitterrand, presidente da França. O professor falou a respeito de sua visão de um computador pessoal tão poderoso que os estudantes seriam capazes de realizar experiências virtuais muito complexas para ser realizadas em um laboratório do campus. Nenhum computador pessoal existente já tinha chegado perto disso.

Na Apple, Steve estava preparando o terreno para modelos mais poderosos do Macintosh. Com o progresso constante na direção de processadores mais rápidos e discos rígidos maiores, talvez o computador do sonho do professor pudesse ser factível.

Após seu regresso, Steve fez uma visita a Paul Berg e disse algo assim: "Conversamos a esse respeito. Gostaria de confirmar se realmente existe um grande mercado nas universidades para esse tipo de máquina que você descreveu".

O professor Berg deu a Steve o estímulo que ele tinha esperado antes.

A próxima reunião trimestral do conselho da Apple ocorreu não muito tempo depois, em 14 de setembro, uma quinta-feira. Uma circunstância estranha: lembram-se de Steve pedir para Mike Markkula, presidente-executivo interino, nomeá-lo vice-presidente de desenvolvimento de produtos, e Mike, não querendo que Steve tivesse o poder de tomar decisões sobre produtos que o cargo lhe proporcionaria, designá-lo presidente do conselho?

Bem, ninguém tinha encontrado tempo para mudar isso. Quando os membros do conselho se sentaram para a reunião de setembro, adivinhem quem estava sentado na cabeceira da mesa? Certo: Steven P. Jobs.

Eu participava como ouvinte da maioria das reuniões do conselho, e não teria perdido essa sob nenhuma circunstância. A atmosfera era solene: nenhuma das habituais faces sorridentes e conversas agradáveis. Nos últimos três meses, a empresa recorrera a demissões temporárias sem precedentes e estava enfrentando sérios problemas de vendas e financeiros. Ninguém sabia o que esperar.

Para mim, todos os membros do conselho pareciam nervosos. Ou talvez fosse outra coisa: os membros do conselho tinham escutado um boato de que Steve planejava assumir o controle acionário da empresa. Se ele fizesse isso, tomaria decisões que arruinariam a Apple Computer? Os membros do conselho tinham de preservar a integridade da empresa. E, naturalmente, eles tinham ações suficientes da empresa para provocar uma mudança considerável em seus balanços patrimoniais pessoais se a empresa não sobrevivesse.

Os executivos da empresa apresentaram os relatórios habituais de vendas, estoques etc. O quadro não era nada bom. As vendas continuavam em queda. Evidentemente, a Apple enfrentava problemas, com nenhuma solução de curto prazo à vista. O moral da empresa estava no fundo do poço: é muito doloroso ver bons amigos saindo pela porta com uma caixa com seus objetos pessoais. E é doloroso se perguntar constantemente: "Sou o próximo?".

Depois dos relatórios, era a vez de Steve. Ele tinha um pedido a fazer que pegou a todos de surpresa. Não farei de conta que me lembro das suas palavras com exatidão, mas a ideia central era: "Vou criar minha própria empresa. Não vai concorrer com a Apple. Vai ser um computador para o mercado universitário. Quero levar algumas pessoas do escalão inferior comigo".

Essa parte, eu já sabia. A próxima parte me surpreendeu, e também a todos os outros: "E eu gostaria que a Apple investisse na minha empresa".

Quase pude ouvir um suspiro de alívio em todas as direções. Nenhuma acusação, nenhuma raiva, nenhuma emoção.

Após alguns minutos de discussão, o conselho concordou que John e Steve deviam se reunir e ver o que podiam fazer.

Estava escuro quando todos deixaram o prédio. A reunião de três horas tinha durado quase até dez da noite.

Já no dia seguinte, logo cedo, Steve se encontrou com John com os nomes das pessoas que tinham concordado em ir com ele para sua empresa nascente. A lista incluía algumas pessoas do setor comercial, e também Rich Page e Dan'l Lewin.

John ligou para me informar a respeito da conversa e disse: "Parece um bom negócio para todos".

Eu tentei explicar: não eram pessoas do escalão inferior. Rich estava trabalhando em um Mac futuro, que ele esperava fornecer com uma tela de alta resolução, uma memória enorme e um disco rígido grande. E Dan'l era fundamental para nosso mercado educacional, responsável pelo programa "Kids Can't Wait", que doava computadores Apple IIe para escolas. Ele também dirigia o Apple University Consortium, programa que oferecia descontos importantes para faculdades e estudantes.

Eu disse para John: "Steve disse que não iria concorrer conosco, mas ele está levando pessoas importantes". Além de representar um problema real, enviaria uma forte mensagem negativa para os funcionários restantes.

No fim, um acordo foi alcançado, permitindo que Steve criasse sua nova empresa, mas sem levar outros funcionários.

Steve fundou a NeXT Computer, Inc. — inicialmente, escrita Next — e começou a trabalhar criando o que era, para todos os propósitos práticos, a próxima geração do Macintosh, que ele quis fazer na Apple. Ele mostraria que podia fazer o que disse a todos que podia: desenvolver um grande produto, mesmo fora da proteção da Apple.

Quando Steve fundou a NeXT, pensei, na ocasião (depois de ter começado a superar o transtorno relativo à sua partida), *que outro nome senão "NeXT" podia expressar a filosofia empresarial de Steve tão bem?* Sim, ele era inquieto, mas também sabia que as coisas nunca ficam paradas nos negócios, em especial no negócio de tecnologia.

Nos anos recentes, a carreira de Steve foi marcada por uma trajetória incrivelmente ascendente, mas, como veremos, não foi sem alguns tropeços sérios ao longo do caminho. Contudo, o que quer que possa ter acontecido em um determinado momento, a história de Steve foi, sistematicamente, desde o início, uma saga de uma "próxima grande coisa" após a outra.

Para ser honesto, não tinha certeza de que Steve poderia ser bem-sucedido. Ninguém tinha, nem mesmo o próprio Steve. Ele me contou que estava morto de medo.

Criando produtos que refletem os princípios do criador

Quem pode dizer qual das seguintes afirmações é mais notável: que Steve não colocaria os pés na Apple por dez anos? Ou que a plataforma do computador NeXT estabeleceria a base para o sistema operacional de nova geração do Macintosh? Ou que uma *workstation* projetada para venda a um preço de seis dígitos, bem acima do alcance da maioria das pessoas, acabaria redirecionando Steve para o que se tornaria sua vocação suprema: projetar para o consumidor?

No entanto, ainda mais importante do que qualquer um desses avanços foi a cultura corporativa que Steve promoveu na NeXT. No que depois se tornaria um modelo para a Apple, Steve eliminou hierarquias, forneceu benefícios generosos, reenquadrou o pessoal como "membros" e não como "funcionários", e supervisionou uma instalação de espaços abertos, que fisicamente incorporava o que para ele era uma nova maneira de trabalhar. Na NeXT, sua poderosa equipe de especialistas técnicos, gerentes de produto e profissionais de marketing era o resultado direto dessa cultura anticonvencional. Posteriormente, muitas das pessoas desempenhariam um grande papel na volta para a Apple.

Sempre considerei esse período como o "exílio de Steve na ilha da NeXT", embora fosse a substituta da Apple para Steve. Ele mantinha viva sua visão do futuro do Macintosh. O computador NeXT seria a próxima geração do Mac.

Enquanto isso, na Apple, Steve era como uma presença invisível. Mesmo os funcionários que entraram na empresa após sua saída podiam sentir sua marca. Uma funcionária, que nunca conheceu Steve, afirmou: "Tinha a sensação de que ainda era sua empresa. Havia o mesmo sentimento generalizado de orgulho, energia e paixão, e a história de Steve Jobs era mantida viva pelas diversas pessoas que estiveram sob sua liderança".

Que objetivo para todos nós aspirarmos: criar uma aura tão poderosa que as pessoas que nunca nos conheceram ainda sentem nossa presença após nossa partida.

Aceitando desafios improváveis

Requer coragem estar contra a parede e ainda estar disposto a assumir um novo desafio, um que todo aluno de uma escola de negócios consideraria temerário.

Enquanto Steve tentava converter o computador NeXT na sua máquina do sonho, ele se deparou com outro computador poderoso para uso especializado. E o homem que pagava as contas estava procurando se livrar de todo o pacote: toda a equipe de pessoas, a tecnologia digital e o *software* que criaram.

Era a unidade de animação gráfica digital da Lucasfilm, o estúdio cinematográfico de George Lucas, no condado de Marin, na Califórnia. Lucas queria se livrar da unidade para levantar dinheiro para seu acordo de divórcio, e Steve falou com ele a esse respeito. Havia outras partes interessadas, incluindo Ross Perot, magnata empresarial e ex-candidato à presidência dos Estados Unidos, que vendera sua empresa, a EDS, para a General Motors, em um negócio que lhe deu um assento no conselho administrativo da GM. Perot estruturou uma transação para adquirir a direção da Lucas num negócio triangular, envolvendo a Philips, a EDS e a Lucasfilm. O negócio foi definido, luzes verdes em todos os aspectos, quando Perot, numa reunião do conselho da GM, acusou a administração da GM de incompetente, o que, subitamente, tornou-o *persona non grata*. Sua autoridade para negociar em nome da GM foi revogada. De repente, a unidade de Lucas estava disponível, e Steve interveio. Para mim, isso fez todo o sentido; Steve e eu conversávamos a respeito do seu amor pelo cinema. Aparentemente, era o casamento perfeito para combinar seu talento relativo à tecnologia com a criação de filmes.

Essa unidade de animação digital era, é claro, a empresa que ficaria conhecida como Pixar; o nome era falso espanhol, cujo propósito era sugerir um significado de "criar imagens". A unidade era dirigida pelo doutor Ed Catmull e pelo doutor Alvy Ray Smith, dois pioneiros da animação digital de Nova York. O objetivo deles, o sonho desde o início, bem antes do nascimento da Pixar, era criar o primeiro filme de animação de longa-metragem feito completamente com computadores.

Um terceiro membro importante da equipe era John Lasseter, brilhante ex-animador da Disney, contratado para realizar curtas-metragens que exibiriam os recursos amplos do novo computador de animação que a unidade estava desenvolvendo. (Por algum motivo, diversos livros e artigos sobre o assunto elogiam Steve por ser inteligente o suficiente de contratar Lasseter, quando o crédito pertence aos dois fundadores. Na época do negócio de Steve, Lasseter já integrava a equipe.)

Alguns anos antes, mais ou menos na época que Steve começou a enfrentar problemas na Apple, Lasseter havia criado uma sensação na Siggraph, a convenção anual da organização mais importante de computação gráfica. O trabalho que ganhou todos os elogios foi um curta-metragem, escrito e dirigido por Alvy e animado por Lasseter, intitulado *André and Wally B*; de maneira inacreditável, tinha somente noventa segundos de duração.

Na época, as limitações da animação digital eram muito evidentes. A emoção ainda não podia ser comunicada nas faces dos personagens, o que impossibilitava o ato de contar histórias mais sutis. A animação digital era utilizada para efeitos especiais, ou em curtas-metragens que apresentavam imagens abstratas, caleidoscópicas. No entanto, o filme de Smith e Lasseter contou uma história que capturava a emoção do espectador; estava muito à frente do que qualquer outra pessoa do setor estava fazendo.

Depois que Steve capitalizou a unidade de animação da Lucas, ele começou a perceber que nem Ed Catmull, nem Alvy Ray Smith tinham qualquer interesse em computadores. Eles os consideravam simplesmente como ferramentas para a criação de animação digital. Isso foi irônico, pois Steve pensou que tinha adquirido a participação majoritária em uma empresa de computação gráfica, enquanto os fundadores consideravam o computador basicamente uma ferramenta para alcançar uma maneira mais poderosa de narrar histórias. Steve perseguiu seu objetivo de encontrar clientes que precisavam de um computador de recursos gráficos avançados, abrindo, com o tempo, escritórios de vendas em sete cidades, mostrando-se mais uma vez como um homem que não faz as coisas de modo tímido.

Parte do desafio da equipe da Pixar era que a tecnologia digital não havia avançado o suficiente para tornar factível um filme de longa-metragem gerado em computador. No entanto, todo ano trazia a possibilidade para mais perto. E, todo ano, Lasseter e sua equipe mostrariam os últimos avanços no Pixar Graphics Computer e seu *software*, produzindo um curta-metragem para exibir na Siggraph. Em 1986, reunidos em Dallas, eles apresentaram pela primeira vez *Luxo Jr.*, um marco na história da animação. John Lasseter dirigiu e animou o curta-metragem, cujos personagens eram duas luminárias estranhamente expressivas, uma pequena e uma grande. Em homenagem ao triunfo desse curta-metragem, e que acabou sendo o primeiro da Pixar, uma luminária do tipo Luxo ainda é exibida nos créditos de abertura de todos os filmes da Pixar.

Luxo Jr. foi um avanço tecnológico, como sempre para a Pixar, transmitindo emoções de uma forma ainda melhor do que os esforços iniciais da Pixar. Finalmente, a tecnologia de animação digital estava sendo usada a serviço de contar uma história real. As seis mil pessoas que assistiram a *première* proporcionaram "aplausos prolongados e entusiasmados". O filme ganhou a Golden Eagle, no festival de cinema CINE de Washington, D.C., e foi indicado ao Oscar como melhor curta-metragem de animação; o primeiro filme de animação digital a receber esse reconhecimento. Ainda que não tivesse ganho, Ed Catmull sente que *Luxo Jr.* foi o divisor de águas da Pixar e da animação digital.

Mantendo o ímpeto diante dos fracassos

O dom real de Steve é sua capacidade de refinar os produtos de consumo. Ele é um editor e polidor requintado, cuja filosofia básica é "menos é mais". Ele elimina coisa de produtos complicados, projetados em excesso, revelando o que realmente os torna utilizáveis e estimulantes. Ele também possui um grande senso de quando o *timing* do produto está correto. Ele provou repetidas vezes que sabe o que os consumidores querem. Quando ele se enganou, se complicou.

Quando ele permaneceu fiel a suas forças, sempre teve sucesso, independentemente do desafio enfrentado.

No início de 1988, Steve, sem dúvida, enfrentava problemas. A Pixar e a NeXT estavam gerando receitas, mas não de modo suficiente. Em virtude das vendas fracas das duas empresas, a quantidade de dinheiro que Steve tinha de transferir da sua conta todo o mês para mantê-las à tona estava ficando desalentadora, enquanto seu patrimônio líquido continuava a diminuir. Só em relação a Pixar, ainda que as receitas do licenciamento do *software* de edição gráfica da Pixar, da produção de comerciais de tevê e da venda dos computadores Pixar (quase todos para a Disney e para entidades governamentais) estivessem cobrindo metade das despesas, Steve, habitualmente, fazia transferências de 300 mil a 400 mil dólares por mês para manter a empresa em funcionamento.

Naquela primavera, Steve reuniu-se com Ed Catmull, Alvy Ray Smith e outros altos executivos da Pixar para uma reunião operacional mensal, que era programada regularmente. O pessoal da Pixar não tinha ideia de quão difícil iria ser.

Steve deixou claro que estava quase a ponto de quebrar e não podia mais arcar com aquela injeção de dinheiro. A Pixar tinha de ser submetida a um "enxugamento". As "altas patentes" da Pixar ficaram arrasadas. Os cortes desfariam a equipe de animação digital, que foi formada ao longo de muitos anos, começando já em meados da década de 1970, e reconhecida como a melhor do setor.

No entanto, tinha de ser. Mas quem sairia? A discussão foi terrível e se alongava interminavelmente. Quando parecia terminada, com Steve pronto para deixar a reunião, Bill Adams, vice-presidente de vendas e marketing da Pixar, apresentou outro item importante da agenda para discussão.

Se a Pixar participasse da próxima Siggraph sem seu novo curta-metragem de animação anual, mostrando de novo que o *software* Pixar podia ser utilizado para criar animação digital significativamente melhor do que no ano anterior, e muito melhor do que o disponível de qualquer outra empresa, os rumores começariam, sem dúvida. As pessoas se perguntariam o que havia de errado; elas se perguntariam: "Se comprarmos um *software* Pixar agora, eles ainda existirão nos próximos anos para continuar dando suporte e atualizações?" Sem dúvida, as vendas ficariam ameaçadas.

Apesar do quadro financeiro sombrio, financiar o novo curta-metragem era decisivo para o futuro da Pixar. Sem ele, as coisas passariam do ruim para o muito pior. Quando Bill e os outros terminaram, Steve permaneceu calado. Não era difícil adivinhar o que estava se passando em sua mente.

Finalmente, ele perguntou se havia algo que ele poderia dar uma olhada. Havia. John Lasseter criara um *storyboard* que captava a abordagem e a sensação gráfica do que ele esperava ser o próximo projeto da Pixar: *Tin Toy*. Steve ficou devidamente impressionado e, após muita deliberação, tomou sua própria e angustiante decisão de financiar a produção, apesar dos seus problemas de fluxo de caixa. Revelou-se depois uma das melhores decisões que ele já tomou.

Cada novo curta-metragem da Pixar abria novos caminhos. Na época, a novidade muito importante de *Tin Toy* residia em animar de maneira convincente seu personagem principal: uma criancinha. Até então, muitos duvidavam da possibilidade de colocar expressão emocional nos rostos. *Tin Toy* demonstrou que os céticos estavam errados. Dessa vez, o filme deu a Pixar o Oscar na categoria de melhor curta-metragem de animação.

Duzentos milhões de dólares, sua fortuna pessoal, proporcionada pela Apple, parecem muito dinheiro. E é muito dinheiro. No entanto, Steve estava vendo essa fortuna definhar numa velocidade preocupante.

Se Steve não tivesse recorrido ao seu próprio bolso para financiar a produção do curta *Tin Toy*, o que se seguiu depois poderia nunca ter acontecido. Os chefes da Disney tinham passado a acreditar, muito gradualmente, que a animação digital podia ter um lugar no estúdio responsável por *Branca de Neve* e *Cinderela*. Após algumas abordagens dos executivos da Disney, a equipe da Pixar foi a uma reunião no estúdio da Disney, em Burbank, com a proposta para a produção de um filme de animação para tevê, com duração de uma hora, financiado pela Disney.

O pessoal da Disney surpreendeu a todos rejeitando a ideia de um filme para tevê, e contrapropôs que a Pixar criasse um longa-metragem de animação para o cinema.

Diversas reuniões no estúdio levaram a aquilo que Ed Catmull e Alvy Ray Smith tinham sonhado durante muito tempo: a Pixar produziria, para lançamento da Disney, o primeiro longa-metragem animado em computador do mundo. É um truísmo: você precisa estar preparado sempre para o inesperado. A equipe da Pixar não tinha previsto que seria convidada para a criação de um longa-metragem; no entanto, foi seu objetivo durante anos.

A primeira ideia que Lasseter apresentou para Jeffrey Katzenberg, da Disney, possuía o título provisório de *Toy Story*. Não muito do argumento ou dos personagens originais acabariam no filme, mas o título, é claro, teve sucesso na grande tela. Katzenberg — chefe da Walt Disney Studios, sob Michael Eisner, presidente-executivo de toda a empresa — podia ser uma pessoa difícil de se trabalhar: ele era um tirano, e até se denominava desse modo, praticamente vangloriando-se a esse respeito. Mas demonstrou ser um mentor e um conselheiro criativo para Lasseter e sua equipe. Ele nunca disse "faça isso" ou "faça aquilo", mas "isso não está funcionando". Ao selecionar as cenas do filme, se ele achasse que a história estava começando a se arrastar, ele diria para Lasseter: "A plateia vai sair para comprar pipoca".

Nos longos meses de produção — incluindo um intervalo de alguns meses, quando a Disney ordenou uma interrupção, até que Lasseter e equipe conseguissem sugerir soluções confiáveis para alguns problemas criativos, como o fato do personagem Woody ser tão negativo e antipático — os custos continuavam crescendo cada vez mais.

No fim, o orçamento superou 6 milhões de dólares. A Disney exigiu que Steve garantisse a conclusão do filme pegando uma linha de crédito de 3 milhões de dólares, usando seus bens pessoais como garantia.

Steve começou a se arrepender do negócio com a Disney; ele até começou a achar que teria sido melhor se ele nunca tivesse assumido a Pixar. Devido aos estouros do orçamento, as finanças de *Toy Story* estavam começando a se assemelhar a um desastre. A não ser que o filme desse muito mais bilheteria do que qualquer filme de animação recente da Disney, Steve nunca recuperaria seu investimento. De fato, teria de ser um imenso sucesso, faturando, no mínimo, 100 milhões de dólares, para Steve ter algum lucro.

Pior, ele agora entendia por que o pessoal da Disney fora tão ávido de manter toda a receita de subprodutos: os brinquedos, os jogos, as bonecas, as camisetas, promoções em *fast-foods* etc. Mesmo se o filme não desse lucro, a Disney poderia ter um belo fluxo de dinheiro a partir dessas outras fontes. Steve estava se conscientizando a respeito dos hábitos de Hollywood, mas o aprendizado estava parecendo que seria custoso.

E, então, de repente, tudo mudou da água para o vinho. A equipe de Steve, noviça na primeira divisão da produção cinematográfica, demonstrou que, de fato, pertencia a essa divisão. Michael Eisner decidiu adiar o lançamento de *Toy Story*. Em vez da data programada, o filme seria o grande lançamento da Disney para os feriados de Natal.

O coroamento: Eisner considerou o filme "tão espetacular quanto adorável".

Foram cinco anos desde a assinatura do contrato até a estreia de *Toy Story*, mas, para todos os envolvidos, valeu a pena a luta e a espera. Muitos eram céticos de que uma empresa comandada por Steve Jobs, o tecnólogo, pudesse produzir uma obra de arte digna de elogios. No entanto, essas suspeitas se baseavam num mal-entendido. O acordo na Pixar, desde o início, foi que Steve ficaria responsável pelos negócios, e a equipe original teria domínio pleno e absoluto sobre todas as decisões criativas.

Após sua estreia, na semana do Dia de Ação de Graças, em 1995, o filme ganhou muitos elogios da crítica, dos pais e das crianças: espectadores de todos os tipos, de todo o mundo. O filme, que, no fim, custou 30 milhões de dólares, faturou 190 milhões de dólares, nos Estados Unidos, e um total de mais de 300 milhões de dólares, mundialmente. Consolidou a Pixar como estrela no firmamento de Hollywood.

A Pixar é singular entre os estúdios de Hollywood: é o único estúdio importante que nunca perdeu dinheiro em nenhuma produção.

E tudo isso porque Steve Jobs, um tanto contra seu melhor julgamento, se dispôs a financiar aqueles primeiros filmes de curta-metragem da Pixar.

No período em que *Toy Story* estava em produção, o restante da equipe da Pixar se concentrou em duas frentes: melhorar seu computador de recursos gráficos e continuar a desenvolver seus *softwares* de animação. O Pixar Image Computer foi um grande produto para qualquer um que precisasse rastrear imagens grandes ou detalhadas e documentos. Steve tinha certeza de que podia tornar comercializável esse computador especializado.

Mas qual era o mercado? Lançado em 1986, a máquina exigia um gasto de quase 200 mil dólares antes de começar a funcionar. E, embora fosse incrível na realização do que devia fazer, era muito difícil de operar, em especial para alguém que já não fosse um prodígio em informática.

A empresa fez um esforço concentrado para vender o Image Computer no setor médico. No entanto, os médicos e outros profissionais da área da saúde que viram a apresentação demonstrativa decidiram quase de forma unânime que levaria muito tempo para aprender a usar o equipamento. O pessoal dos hospitais e das clínicas já estavam muito ocupados. Além disso, o computador da Pixar era muito caro, muito difícil de usar e tinha um mercado muito limitado. A empresa vendeu menos de trezentas máquinas. Em 1990, Steve desistiu, vendendo o negócio de *hardware* para uma empresa denominada Vicom por meros 2 milhões de dólares. A Vicom faliu um ano depois.

Na ocasião em que o computador da NeXT foi lançado, ofereceu outra demonstração do compromisso de Steve de criar não só o *hardware*, mas também o *software*. Ele fizera isso em relação ao Macintosh, e agora tinha feito novamente no NeXT, com seus engenheiros desenvolvendo o exclusivo sistema operacional NeXTStep.

Dois anos depois, Steve apresentou um computador mais avançado: o NeXT Cube. Tanto a máquina original como o Cube eram caros; *workstations* especializadas visavam principalmente o mercado acadêmico e os usuários sofisticados.

Como todos os grandes empreendedores, Steve era um malabarista hábil, que estava quase sempre trabalhando ao mesmo tempo em diversos projetos aparentemente desvinculados. As próximas grandes coisas têm um modo de acabar e provam ser parte de uma estratégia principal unificada, ainda que não se aplique de forma muito parecida quando ele estava dirigindo a NeXT e a Pixar simultaneamente.

A NeXT não foi um dos capítulos mais felizes da carreira de Steve. O computador da NeXT foi um grande avanço, tipicamente ao estilo de Steve, muito elogiado e admirado, mas que gerou vendas nada espetaculares. A máquina tinha capacidade de armazenamento muito maior e um monitor maior e mais nítido do que os outros computadores pessoais da época, incluindo os Macs. Aqueles por dentro do assunto, eram entusiastas, e, de fato, o primeiro navegador e servidor foram criados por Tim Berners-Lee, pioneiro da internet, num NeXT Cube, em 1999. Uma história realmente impressionante.

Ainda que originalmente concebido para ser utilizado em educação, o NeXT vendeu unidades suficientes para ser um sucesso modesto em mercados muito limitados. Na NeXT, Burt Cummings, responsável pelo marketing em educação, descreveu o computador da empresa dessa forma: "Excelência de engenharia. Havia especificações rígidas para tudo no design. Nenhuma economia. Gabinete de magnésio para a unidade central de processamento, belo acabamento em preto. Drive óptico-magnético de última geração. Interface do usuário fora de série, sistema operacional fantástico, mas...".

O "mas" é que o computador sofria de duas das mesmas desvantagens do Macintosh original: era muito caro, cerca de 10 mil dólares, muito mais do que os primeiros Macs. Tão ruim quanto, se não pior, os desenvolvedores não estavam se aproximando para criar aplicativos para a plataforma NeXTStep. Parte do motivo era de novo financeiro. O custo para desenvolver programas de acordo com o sistema original NeXTStep era alto, alcançando, ouvi dizer, a casa dos milhões de dólares — muito elevado diante das vendas medíocres; o que significava que um desenvolvedor de *software*, que havia comprometido uma soma considerável, não teria um grande mercado potencial. A probabilidade de ter um bom retorno sobre o investimento era muito pequena.

A conclusão de Burt Cummings: "Assim, basicamente, chegou sem vida. Foi projetado para o mercado universitário, mas era muito caro. É incrível criar em busca da beleza, mas você precisa conhecer seu mercado".

No entanto, Bill Adams, vice-presidente da Pixar, oferece outra perspectiva: "Se o NeXT tivesse sido produzido na Apple, teria tido êxito", pois ali contaria com o apoio de uma empresa comprovada, consagrada, para além de promoções, propaganda, conexões setoriais e confiança dos clientes. E essa não foi a opinião só de Bill; quando ele tocou no assunto com Steve, "ele concordou comigo", Bill afirma.

No devido tempo, Steve simplesmente encarou a dura verdade que seus computadores NeXT — apesar de todas as vantagens de ser rápido, com uma arquitetura notável e aparência maravilhosa — eram muito caros para as empresas que o desejavam.

Foi uma dose amarga, mas da mesma forma que ele fez com o computador Pixar, Steve encerrou a fabricação das máquinas NeXT, mudando seu foco para a venda de cópias do *software* do sistema operacional NeXTStep. A IBM demonstrou um interesse sério em licenciar o produto para execução em seus próprios computadores. Parecia o negócio que poderia resgatar a NeXT. Uma equipe da IBM apareceu para apresentar a proposta da empresa para Steve, entregando-lhe um contrato de cem páginas. Afirma-se que ele pegou esse contrato, jogou-o na lata de lixo e disse que não assinava nenhum contrato com mais do que três ou quatro páginas. Antes da IBM poder propor uma solução à prescrição de "três ou quatro páginas", o homem da IBM que estava defendendo o projeto deixou seu cargo. Ninguém mais da IBM estava interessado no *software* de Steve.

As histórias da NeXT e da Pixar são bastante parecidas. Steve era conhecido por seu trabalho de desenvolvimento de *hardware*, mas falhou duas vezes. O computador de recursos gráficos desenvolvido na Pixar era um produto que visava o mercado empresarial. Quando ele adquiriu a empresa, Steve ainda não tinha entendido plenamente que sua força real eram os produtos de consumo, e não os *hardwares* empresariais.

Ironicamente, a Pixar acabou como uma empresa que produzia produtos de consumo — filmes de animação — ainda que essa direção possa nem sempre ter sido clara. Transformou-se de uma pequena empresa de serviços de animação digital em uma empresa de entretenimento, uma das grandes histórias de sucesso das décadas recentes. Nesse caso, talvez Steve simplesmente topou com sua próxima grande coisa por mera sorte. Mas, como sempre, a sorte favorece aquele que está preparado. Conforme as coisas evoluíam, a Pixar remodelou a indústria do entretenimento, e aquilo que Steve não foi capaz de perceber inicialmente, ele compreendeu no devido tempo.

Achando um estilo empresarial

Que Lasseter e Katzenberg fossem capazes de trabalhar juntos com sucesso serve de lembrete: dois empreendedores nunca são parecidos; cada um possui seu próprio estilo pessoal, e os estilos conflitantes podem se harmonizar.

Os verdadeiros líderes empresariais estão sempre observando o horizonte em busca da próxima oportunidade. É essa busca que os mantêm em movimento e, às vezes, encontram sua missão real ao longo do caminho, como aconteceu com Steve.

Sempre fiquei fascinado com os diversos estilos de pessoas que constroem grandes empresas. Certa vez, reuni-me com o fundador da JetBlue Airlines, para falar a respeito de um produto que tinha desenvolvido, que permitiria manter os *laptops* dos pilotos em sincronia com os bancos de dados utilizados nos aeroportos, referente à informação da rota, condições meteorológicas etc.

Fui atraído à JetBlue por causa da sua criatividade: senti que a empresa havia redefinido a viagem aérea. (De fato, eles me mimaram desde cedo; não viajarei mais sem uma tevê no meu assento.)

Quando conheci David Neeleman, fundador da JetBlue, identifiquei-o como um tipo bastante parecido com Steve Jobs. Antes, ele tinha fundado a Morris Air, em seguida a vendeu para a Southwest Airlines, e então brigou com Herb Kelleher, presidente-executivo da Southwest. Neeleman, como Steve Job, foi despedido.

Então, ele fundou a JetBlue, mas, em 2007, foi expulso pelo conselho.

O que acontece com os empreendedores que enfrentam esses tipos de reveses?

Eles se levantam e começam de novo. David criou uma nova companhia aérea no Brasil, a Azul (*blue,* em inglês), que transportou 2,2 milhões de passageiros nos primeiros doze meses, quebrando o recorde anterior de uma companhia aérea nascente.

Por que na América do Sul? Porque o continente tem os países com as economias de maior crescimento no mundo. Como David afirma: "O que importa não é o que acontece com você na vida. O que realmente importa é como você reage a isso".

Um dos elementos-chave do empreendedor é o ímpeto; uma característica que observei em todos esses líderes. Não desistir, continuar, sempre avançando apesar dos contratempos, sempre permanecendo aberto à próxima ideia. Aprendi isso com Steve e mantive como um princípio orientador, um princípio que me levou a criar mais de dez produtos nos últimos oito anos.

Certa vez, Martin Luther King declarou: "Julgue um homem a partir do modo pelo qual ele reage ao fracasso e não ao sucesso".

CAPÍTULO 8

Recuperação

Em 1995, a Pixar estava usufruindo do sucesso de *Toy Story*, mas a NeXT ainda estava respirando por aparelhos, sobrevivendo porque Steve continuava a injetar grandes somas de dinheiro todos os meses. E a vida empresarial de Steve estava prestes a mudar da água para o vinho, de um modo muito notável mesmo, que o levaria a se tornar conhecido como o melhor presidente de empresa de todos os tempos.

Ao considerarmos como foram os anos mais jovens de Steve, vemos que seu sucesso é quase absurdo, deixando claro que ninguém com um mau começo, ou um começo tardio, deve jamais perder as esperanças sobre o que pode se apresentar a frente.

Identificando oportunidades

Em 1971, um amigo comum da vizinhança levou Steve Jobs, então com dezesseis anos, para ver a obra de um vizinho, Steve Wozniak. Três anos antes, com dezoito anos, Woz já tinha montado seu primeiro computador com um amigo. Naqueles dias, "computador" para a maioria das pessoas ainda significava uma máquina complexa, grande, alojada em uma sala própria com ar condicionado, e supervisionada por rapazes de jalecos brancos. Os primeiros kits comerciais para montagem de computadores domésticos primitivos não apareceriam por muitos anos. Assim, ainda que a versão de Woz de um computador não pudesse muito mais que ligar e desligar algumas minúsculas lâmpadas elétricas, era uma conquista impressionante.

De imediato, Steve reconheceu Woz, cinco anos mais velho, como um espírito afim, que compartilhava sua paixão pela tecnologia. Os dois eram muito parecidos em diversos aspectos e muito diferentes em outros. Eles se revelaram complementos perfeitos.

Desde as primeiras séries escolares, Steve Jobs criava casos. Então, uma professora, a senhora Hill, reconheceu que ele era muito brilhante, e usou dinheiro, doces e um kit de montagem de uma câmera para ele se empenhar e estudar. Steve ficou tão motivado que até poliu suas próprias lentes para a câmera. Na entrevista de história oral para a Smithsonian Institution, Steve afirmou: "Acho que aprendi mais academicamente naquele único ano do que em minha vida". Um testemunho perfeito de como uma professora pode mudar a história completa de um aluno.

Essa experiência moldou Steve de modo que causaria surpresa a muitas pessoas. Desde os primeiros dias da Apple, ele criou programas que davam meios para estudantes e professores — da escola do ensino fundamental até a universidade — comprarem computadores com grande desconto. Não era um artifício de relações públicas; era um reflexo de uma crença profundamente mantida, que se originou da sua própria experiência de infância, na sala de aula da senhora Hill:

> Sou um grande adepto das oportunidades iguais... Oportunidades iguais para mim, mais do que qualquer coisa, significam uma grande educação... Me dói porque não sabemos como prover uma grande educação. Mas deveríamos. Poderíamos nos certificar de que cada criança desse país obtivesse uma grande educação. Estamos longe disso... Se não

> fosse pela senhora Hill, na quarta série, e alguns outros professores, eu teria acabado na cadeia. Posso ver essas tendências em mim, de ter certa energia para fazer alguma coisa. Quando somos jovens, um pouco de correção de rumo é suficiente.

Depois da escola do ensino médio, ele insistiu em ir para a Reed College, em Portland, no Oregon; significaria uma grande pressão sobre o orçamento doméstico, mas os pais adotivos de Steve prometeram à mãe biológica dele, na ocasião estudante de pós-graduação, que ajudariam o filho ao longo da faculdade. As intenções deles eram boas, mas Steve abandonou o curso após concluir apenas um semestre, ainda que perseverasse para assistir aulas como ouvinte por alguns meses a mais.

Ele voltou ao Vale do Silício e conseguiu um emprego noturno na Atari, a fim de juntar dinheiro para realizar uma "jornada ao Oriente". Steve ressurgiu dessa viagem à Índia como zen-budista praticante e frugívoro. Ela voltou à Atari, o único empregador até onde consigo me lembrar, que já teve. E conheceu Woz, que tinha um emprego diurno na Hewlett Packard, em Palo Alto, e no seu tempo livre, ficava desenvolvendo placas de circuito impresso. Woz era membro do agora lendário Homebrew Computer Club, um grupo de jovens *nerds* viciados em computadores.

Apesar do seu *background* contracultural, ou talvez por causa dele, Steve sempre foi perspicaz em ver oportunidades de negócios que os outros não conseguiam enxergar. Ele viu o trabalho que Woz estava fazendo como oferta daquele tipo de oportunidade.

De alguma forma, Steve tinha reconhecido desde cedo que, quando você quer algo intensamente, pode utilizar esse poder para convencer as outras pessoas. Nem tantos anos antes, sua família morava em uma área atendida por uma escola a qual ele não tinha vontade de ir. Ele simplesmente informou que não a frequentaria. Ainda no início da sua adolescência, Steve foi capaz de convencer seus pais a mudarem para um bairro diferente, para que ele pudesse frequentar a escola que queria.

No Homebrew, Steve reparou que os amigos de Woz desenhavam diagramas de circuitos impressos, mas não se davam ao trabalho de construir o que desenhavam. Steve sugeriu que Woz montasse placas de circuito impresso e as vendesse para os membros do Homebrew, que não tinham tempo de montar nada.

Woz não foi capaz de entender como eles podiam ganhar dinheiro fazendo isso. Tempos depois, ele se lembraria: "Não pensávamos que seria algo duradouro. Faríamos por diversão, mesmo que fosse para perder algum dinheiro. Mas poderíamos dizer que tínhamos uma empresa". Recém-influenciado, Woz criou com Steve a parceria que se tornaria a Apple Computer.

Em sua autobiografia, Woz revela por que precisou do incontrolável Steve. Woz estava montando o que se tornaria o primeiro computador da Apple, e queria utilizar memórias DRAM, da Intel, mas eram muito caras. Steve disse que cuidaria daquilo. Ele ligou para a Intel e convenceu alguém do marketing a lhe dar as memórias: gratuitamente. Woz ficou tão atônito quanto agradecido. "Nunca conseguiria fazer aquilo. Eu era muito tímido", ele revela. Para Steve, não foi grande coisa: alguns anos antes, ainda adolescente, ele conseguiu falar por telefone com William Hewlett, cofundador da Hewlett-Packard, que ficou fascinado o suficiente para passar quase meia hora conversando com Steve, e o recompensou com a oferta de um emprego de verão.

A paixão não é opcional: uma lição na arte de vender

Em 1996, com a NeXT e a Pixar ainda perdendo dinheiro, a boa sorte, que salvaria o pescoço de Steve e tornaria possível todas as grandes coisas que ele faria, veio da origem menos provável, do último lugar que ele poderia esperar.

A Apple Computer precisava demais de um novo sistema operacional. O Microsoft Windows, por todas as suas falhas, estava aparecendo em novas versões, com novos recursos, atraentes e convenientes, ganhando os clientes do Mac. Na ausência de Steve, a Apple parecia ter perdido a capacidade de criar um novo sistema operacional próprio; uma grande equipe de engenheiros trabalhava há anos, mas ainda havia, sem dúvida, um longo caminho até uma solução funcional — em parte, porque o homem supostamente responsável por isso não tinha nenhum poder real.

Na ocasião, a empresa estava nas mãos de Gil Amelio, doutor em tecnologia qualificado, que tinha articulado uma reviravolta notável na National Semiconductor, fabricante de circuitos integrados, e fora trazido à Apple para proporcionar liderança tecnológica e solucionar problemas financeiros. No momento em que ficou evidente que os engenheiros da Apple não criariam um novo sistema operacional viável, Gil começou a olhar para fora da paredes da One Infinite Loop (endereço da Apple).

Logo, surgiram diversos candidatos formidáveis para a missão bastante almejada de criar um novo Apple OS, principalmente a Microsoft. Bill Gates fez muita pressão para convencer Gil Amelio de que o Windows NT podia ser adaptado às necessidades do seu rival de longa data. A Microsoft era um peso-pesado, mas a ideia de deixar os engenheiros de *software* que criaram o Windows desenvolverem algo tão imperfeito para a Apple era uma perspectiva apavorante. E, além disso, a proposta foi considerada um acinte pelos aficionados do Macintosh.

No que diz respeito a Amelio, o fato de a Sun Microsystems desenvolver uma versão do seu SunOS era a possibilidade principal, mas ele estava determinado a analisar todas as alternativas razoáveis. Outro candidato foi o *software* denominado BeOS, desenvolvido por Jean-Louis Gassée, ex-executivo da Apple, que muitos anos antes foi quem se tornou responsável pela equipe do Macintosh após a saída de Jobs. Gil constituiu equipes técnicas para avaliar cada uma dessas possibilidades, com três dos seus principais engenheiros de *software* no comando: Wayne Meretsky, Winston Hendrickson e Kurt Piersol. Cada equipe ficou incumbida de apresentar uma avaliação por escrito.

Certo dia no meio de tudo isso, Ellen Hancock, diretora de tecnologia da Apple, recebeu uma ligação de um engenheiro da NeXT dizendo que ele escutou que a Apple estava procurando um sistema operacional. (De fato, Steve pode ter mexido os pauzinhos nos bastidores. Calculando que uma ligação dele próprio provavelmente não seria bem recebida, ele pode ter planejado a ligação daquele engenheiro.) Ellen pediu para Winston reunir alguns engenheiros, marcar um encontro com os engenheiros da NeXT e dar uma olhada. A equipe passou um tempo analisando o NeXTStep, e Winston relatou que era uma possibilidade merecedora de consideração.

Steve admitira que a NeXT precisava muito de algum tipo de socorro financeiro, e um contrato para desenvolver o novo sistema operacional da Apple podia ser a resposta. E quem melhor para liderar a iniciativa do que o próprio Steve.

Enquanto isso, Amelio teve um revés. As avaliações técnicas do SunOS foram promissoras e as negociações do presidente da Apple com Scott McNealy, presidente da Sun, caminhavam bem. No último minuto, o conselho da Sun rejeitou o negócio.

Isso deixou a NeXT e a Be como contendoras finais.

A cena estava preparada para a batalha até a morte entre Steve e Jean-Louis, em especial após Steve ler que Gassée já tinha começado conversas com a Apple; um artigo de jornal que, Gil estava convencido, tinha suas origens num vazamento deliberado da parte de Gassée.

O dia 10 de dezembro de 1996 foi a data agendada para a grande batalha. Steve e Jean-Louis foram convidados a apresentar suas razões em uma sessão de revelação de fatos, uma após a outra, no Garden Court Hotel, em Palo Alto, um local de reunião improvável, escolhido para evitar a imprensa.

Steve veio com Avie Tevanian, seu talento em sistema operacional, e sentou-se em uma mesa colocada no topo de uma estrutura aberta em forma de U, diante de Gil e Ellen, na extremidade oposta. Wayne Meretsky, especialista em *software* da Apple, sentado um pouco abaixo, na mesa lateral, descreve a cena: "A apresentação de Steve foi totalmente dirigida a Gil, como se não houvesse mais ninguém na sala. Steve estava, como era de se esperar, tranquilo", enquanto ele "enaltecia as virtudes do sistema operacional", destacando os recursos essenciais que o tornavam apropriado para a Apple, e, depois, demonstrando em um laptop como o sistema operacional NeXTStep era capaz de apresentar dois filmes simultaneamente... então, abriu mais três... *cinco* filmes exibidos lado a lado em um único computador. Todos no recinto entenderam o quão valioso podia ser para Apple um *software* capaz de controlar tanta capacidade de processamento.

Wayne prossegue: "Steve se esforçou ao máximo, e sua apresentação, a qual dividiu com Avie, provou mais uma vez que ele é, no mínimo, o melhor vendedor e orador do setor de tecnologia. Gassée apresentou-se sem um roteiro elaborado, pronto somente para considerar perguntas". Ele tinha calculado mal, achando que a Apple não tinha outra alternativa realista, exceto seu BeOS. Ele não fez nenhum tipo de tentativa de promoção real do motivo pelo qual o BeOS e somente o BeOS era a solução necessária para a Apple.

Como Wayne Meretsky descreve: "A decisão de escolher a NeXT e não a Be Inc. tornou-se óbvia".

Sem revelar a decisão da Apple, o presidente Amelio entrou em contato com Steve para ver que tipo de negócio podia ser feito. De novo, para evitar vazamentos na imprensa, eles se encontraram na casa de Steve. Gil se lembra que "Steve era um orador talentoso, e isso aparece nas negociações", mas "ele prometia mais que podia entregar, numa tentativa de obter sua concordância". Qual foi a postura de negociação de Gil? Numa variação da tática que Steve utilizou de forma memorável com John Sculley, Gil afirma, sua abordagem foi: "Você quer continuar nesse 'negócio furado' da NeXT ou quer mudar o mundo?".

No fim, a Apple não fechou contrato com a NeXT para o desenvolvimento do novo sistema operacional do Macintosh; em vez disso, a Apple comprou toda a empresa de Steve, adquirindo todos os direitos em relação ao NeXTStep, a muitos dos melhores talentos da NeXT... e a Steve Jobs, na função de consultor do presidente-executivo. As pessoas advertiram Gil que, se ele permitisse a volta de Steve para a Apple, ele logo tiraria a empresa dele. A resposta de Gil foi que ele tinha tomado a decisão que era melhor para a Apple.

Apenas alguns meses depois, Gil Amelio lamentaria o fato de que não insistira em uma cláusula adicional em seu contrato de trabalho com a Apple: ele permanecer como presidente-executivo por três anos, ou até cinco anos; prazo para que tivesse tempo de concluir as mudanças da empresa, devolvendo-a a uma condição financeira saudável, com produtos confiáveis e fluxo de caixa vigoroso. Ele sabia que trazer a empresa de volta à vida levaria tempo. Ele supôs que o conselho lhe daria a oportunidade de fazer isso tudo acontecer.

Naturalmente, Amelio não podia prever no momento em que lhe foi oferecido o cargo de presidente-executivo que Steve Jobs podia vir a estar numa posição de assumir todo o comando.

Aqueles que conheciam Steve não esperavam outra coisa dele.

Brent Schlender, eminente e muito respeitado jornalista de negócios da *Fortune*, revelou a questão com um artigo oportuno, sob uma manchete explosiva: "Há algo de podre em Cupertino".

O subtítulo continuava: "Steve Jobs voltou, com uma estratégia que pode tornar a Apple sua de novo".

O artigo não podia ser lido sem que o leitor adquirisse a sensação de que Schlender se preocupava muito com o destino da Apple, e estava convencido de que Steve era a solução que a empresa precisava. Ele escreveu a respeito de "uma disputa pelo poder... em progresso, que questiona quem realmente está dirigindo a empresa".

Chamando Steve de "o Svengali* do Vale do Silício", Schlender pareceu temeroso com os termos da compra da NeXT, com Steve embolsando 100 milhões de dólares e 1,5 milhão de ações da Apple. E sua influência já estava sendo sentida: "Suas impressões digitais estão todas sobre o último plano de reorganização e estratégia de produto de Amelio, ainda que Jobs não tenha uma função operacional ou até mesmo um assento no conselho".

O coroamento foi a predição de Schlender de que Steve estaria "tramando" para assumir o comando da Apple, citando Larry Ellison, presidente da Oracle e melhor amigo de Steve: "Steve é o único que pode salvar a Apple. Conversamos a esse respeito de modo sério muitas e muitas vezes".

Quer Steve tenha repassado à informação para Schlender em relação ao artigo, quer não, ele não podia ter melhor apoio para sua campanha. Steve começou conversas secretas com os membros do conselho, concentrando-se, em particular, em Ed Woolard, presidente da DuPont e ex-membro do conselho da IBM. Embora Woolard tivesse sido recrutado para o conselho da Apple por Gil, ele ficara impaciente com algumas decisões de Gil. Deve ter pesado decisivamente sobre Woolard o fato de que Steve fora considerado incapaz de dirigir um operação única da Apple — o grupo do Macintosh — e falhara em transformar a NeXT numa empresa viável. Contudo, o grande poder de persuasão de Steve entrou em jogo novamente. Em breve, Woolard estava no telefone, conversando com outros integrantes do conselho, explicando seu pensamento, registrando as opiniões. De certa forma, foi convincente, mas, poucas semanas depois do artigo da *Fortune*, dois membros do conselho, incluindo Mike Markkula, continuavam a favor de Gil... contra outros três que passaram para o lado de Woolard. O jogo estava prestes a sofrer uma reviravolta.

---

* Nome de personagem do romance *Trilby*, de George du Maurier. Pessoa que domina outra com motivos torpes. (N. T.)

Gil estava participando de uma reunião familiar no fim de semana de 4 de julho (dia da independência dos Estados Unidos), em sua casa de férias, às margens do Lake Tahoe, quando o telefone tocou. Era Ed Woolard, que disse estar ligando "com más notícias". Ele disse a Gil: "Você ajudou muito a empresa, mas as vendas não se recuperaram. Achamos que você precisa se demitir". Gil observou que a Apple tinha acabado de divulgar resultados trimestrais que superavam as previsões dos analistas e perguntou: "Vocês querem que eu peça demissão justamente quando as coisas estão começando a melhorar?".

Woolard respondeu que o conselho queria "achar um presidente que podia ser um grande líder de marketing e vendas para a empresa". Ele não mencionou que já tinha concordado em deixar Steve dirigir a empresa como "presidente-executivo interino". Gil não precisou ser informado que Steve seria seu substituto: ele fora prevenido.

Steve Jobs estava de volta e, pela primeira vez na história da empresa, em pleno comando. Peter Elkind, editor-geral da *Fortune*, descreveu lindamente o Novo Steve, o Gerente de Negócios Steve, o Tomador de Controle Steve: "De saída, Jobs analisou os detalhes inadequados do negócio, criando um senso de urgência, reduzindo radicalmente a linha de produtos da Apple, e acelerando um corte de gastos substancial, que levaria a empresa de volta ao lucro. Jobs se tornara um líder muito melhor, controlando sua condição de esteta radical, que se preocupava somente em criar belos objetos. Agora ele era um esteta radical, que se preocupava em criar belos objetos que davam dinheiro. Nenhuma especificação de engenharia, nenhum floreado de design eram muito pequenos para seu escrutínio".

A observação era só parcialmente correta. Para Steve, nunca se tratou realmente de ganhar dinheiro, mas a primeira questão do negócio era refazer a Apple de um modo algo doloroso, para salvá-la do destino de inúmeras empresas de tecnologia fracassadas. Ele começou a analisar detalhadamente cada produto e projeto da empresa. De acordo com Alex Fielding, cientista-sênior de engenharia, "as reuniões com Steve eram praticamente sessões de abordagem de vendas de como os projetos deveriam sobreviver". Se ele não gostasse do que ouvia, ou se aquilo não se encaixasse na sua visão de somente se fixar em poucos produtos básicos, seu projeto seria engavetado, e a pessoa perderia seu emprego.

Alex afirma: "Gil Amelio tinha uma campanha que dizia 'eu estava lá quando a recuperação começou...' Ironicamente, ele tinha razão de certa forma, considerando que a incorporação da NeXT trouxe Jobs de volta. No entanto, diversos funcionários agora pegavam os adesivos colocados nos para-choques traseiros dos carros 'eu estava lá quando a recuperação começou' e os alteravam para 'eu estava lá quando as *demissões* começaram'".

Winston Hendrickson, engenheiro de *software* que originalmente tinha voltado da NeXT com um relatório positivo sobre o sistema operacional NeXT, ainda estava na Apple. Ele se lembra de que, no primeiro semestre de 1997, havia curiosidade quanto ao que significava para Steve ser "consultor" de Gil e havia especulação de que a transição da liderança de P&D para os ex-executivos da NeXT indicava que Steve estava fazendo mais do que apenas assessorando. Mas Steve, Winston afirma, era "relativamente invisível".

Nessa fase inicial, Winston se recorda, Steve pareceu "manter distância como forma de seguro contra o fracasso ainda provável da Apple. Muitas pessoas estavam preocupadas, sentindo que coisas misteriosas aconteciam, mas as reorganizações pós-aquisição e os atritos permanentes entre os talentos ofuscavam o que ocorria em nível executivo".

Conforme Steve ficava mais visível, havia uma mistura de entusiasmo e medo, um tanto típico em qualquer transformação, mas, ao mesmo tempo, Winston se lembra, um ar desconfortável de "e agora?". As decisões e mudanças estavam finalmente acontecendo — e num ritmo sem precedentes para a Apple daquela época. Isso causou um alto nível de agitação, em parte pelo fato de que a "escala e a velocidade das ações tornavam cada vez mais claro que havia um novo xerife na cidade".

A saída de Gil trouxe a mesma reação misturada, "não deixando nenhuma dúvida de que a NeXT tinha realmente comprado a Apple", e não o contrário. Curiosamente, Winston acredita, os funcionários da Apple — ou, ao menos, os engenheiros — "estavam sedentos por liderança", e mesmo uma liderança pelo "espectro de um autocrata que, havia muito tempo, sentia saudades dos anos de indecisão que marcaram o início da década de 1990".

Logo depois de se tornar presidente-executivo interino, Steve abordou de imediato as equipes de *hardware* e "promoveu cortes significativos — de centenas dc projetos para a casa das dezenas". Em um encontro fora da sede para 100 altos gerentes, em Pajaro Dunes, o próprio Steve apresentou os planos associados ao hardware, revelando o projeto que se tornaria o iMac. Winston teve a oportunidade de conversar pessoalmentc com Steve durante um jantar: "Senti que estava sendo avaliado".

Mas ele aprendera a partir da observação do pessoal da NeXT que poderia discordar de Steve se fosse ponderado e tivesse fundamentos, e ele constatou que isso era verdade: "Eu discordei de uma das suas justificativas em relação ao iMac e a resposta foi apenas que eu estava errado e por quê, em vez de ser 'queimado' como a maioria das pessoas supôs que seria o caso". (Winston descobriu, no devido tempo, que seu argumento estava equivocado e que Steve, o não-engenheiro, tinha razão.)

Certa vez, Steve me disse que um dos seus objetivos para a Apple era ser uma empresa bilionária com menos de 5 mil funcionários. Ele disse que tinha fixado esse objetivo porque colocaria a Apple como a empresa mais lucrativa e produtiva dos Estados Unidos — ou ao menos como uma delas. Previsivelmente, ele não conseguiu manter a quantidade de funcionários sob controle — só as lojas atualmente são responsáveis por cerca de 1,5 mil funcionários — mas ele, sem dúvida, extrapolou seu objetivo de capitalização de mercado. A capitalização de mercado da empresa, no momento da redação deste livro, é superior a 280 bilhões de dólares.

O presidente-executivo e o conselho de administração

Uma coisa que Steve aprendeu de toda experiência violenta de ser exilado foi a importância de um conselho que compreende o que o chefe da empresa está fazendo estrategicamente. Em retrospecto, ele pode ter visto o sinal de aviso quando o conselho da Apple deu ao anúncio "1984" uma recepção fria.

Todos sabem que um "bom conselho" é decisivo para uma empresa bem-sucedida. Mas o que significa realmente um "bom conselho"? Mais que tudo, significa conselheiros que compreendem a empresa, sua visão e seu presidente. Mesmo se o presidente não foi instrumental na seleção dos conselheiros, ele conhece o *background* e as qualificações de cada membro, a função que cada um desempenha, e quem endossa ou não a visão da empresa.

O conselho ideal é um grupo de pessoas com experiências empresariais distintas, que utilizam o produto da empresa religiosamente e têm uma compreensão muito clara de quem é o cliente e de onde a empresa deve estar em cinco anos.

Você percebeu que não mencionei a palavra "lucro"? O lucro é resultado do produto e das pessoas que administram a empresa. Como afirmei anteriormente, o produto é o cerne da empresa.

Quando Steve ganhou as rédeas da Apple, ele refez o conselho, despedindo todos os membros, exceto dois. Um que ele conservou, é claro, foi Ed Woolard, que desempenhou papel fundamental no retorno de Steve. O outro foi Gareth Chang, vice-presidente-sênior da Hughes Electronics. Ele convidou o amigo íntimo Larry Ellison e o ex-executivo da Apple Bill Campbell (às vezes chamado de "Coach" porque — por mais improvável que pareça — ele foi, no passado, o técnico [coach] de futebol norte-americano da Universidade Columbia). Os motivos de Steve foram claros: não era um conselho de pessoas que dizia amém a tudo, mas pessoas que pensavam como Steve, confiavam nele e apoiariam suas iniciativas para salvar e reconstruir a empresa.

Eu aprendi a respeito de conselhos da pior maneira possível. Em uma das minhas empresas nascentes, para obter financiamento, tive de aceitar executivos e membros do conselho escolhidos pelo Lehman Brothers. Essas pessoas tinham todas as qualificações, mas se concentravam somente nos números. Se alguém me dissesse que essas pessoas nem mesmo sabiam qual era o produto, não ficaria surpreso. Nenhuma delas nem mesmo utilizou o produto, um sinal revelador de que não compreendiam a visão ou a direção da empresa.

No entanto, Steve, com seu novo conselho, trouxe com ele uma nova convicção, uma que a maioria das empresas não pode se permitir ignorar: uma empresa pode permanecer fiel à sua principal atividade, ainda que produzindo mais do que um tipo de produto. Naquele momento, era o caminho que Steve tinha tomado.

CAPÍTULO 9

Desenvolvimento holístico de produtos

Afirma-se que Cristóvão Colombo foi capaz de encontrar em uma cidade pessoas com todas as habilidades distintas necessárias para construir e equipar seus navios: carpinteiros, fabricantes de velas e de cordas, pessoal para calafetação do barco, e os próprios marinheiros.

Atualmente, a maioria dos produtos de alguma complexidade — e também inúmeros de pouca complexidade — inclui componentes ou ingredientes não criados internamente, mas adquiridos em outros lugares, de alguma outra empresa.

É o motivo de os celulares equipados com plataforma Android não funcionarem tão bem quanto o iPhone: porque a Google desenvolve o Android, que, então, funciona no *hardware* de diversos fabricantes. Os fabricantes de celulares não controlam o projeto do *software*, e a Google não tem nenhum modo de assegurar que os projetos de *hardware* serão compatíveis com o Android. (Voltarei a essa ideia posteriormente.)

É a razão de a beirada da embalagem do creme de barbear Gillette sempre ficar enferrujada: a Gillette faz o creme de barbear, mas compra as latas de um fornecedor — uma empresa anônima, que não tem de ouvir nenhuma reclamação dos clientes da Gillette. (E alguém se pergunta se os altos gerentes da Gillette estão usando seu próprio produto; se estivessem, não teriam corrigido o problema há muito tempo?)

Na época do seu retorno a Apple, Steve começara a entender o que ele viria a considerar uma pergunta fundamental: como é possível produzir um produto que funciona bem se o grupo que cria o *software* e o grupo que cria o *hardware* trabalham inteiramente independentes um do outro?

Sua resposta: *não* é possível.

Mas se você acha que a pergunta se aplica somente a empresas de alta tecnologia, prepare-se para uma surpresa. Estamos chegando a um tempo em que diversos produtos triviais, rotineiros, terão um chip instalado neles, e esses produtos irão se comunicar entre si de modo que estamos começando somente a imaginar.

Muitas máquinas de lavar roupa domésticas foram controladas por chips durante anos. E você notou como o dono de um Prius ou Lexus abre seu carro e dá a partida nele? Não com uma chave, mas com um dispositivo "sem chave" contendo um chip. Os instrumentos eletrônicos do carro identificam um sinal sendo emitido pelo dispositivo e destrava o carro quando o motorista se aproxima, permitindo-lhe dar a partida apenas pressionando o botão de ignição.

Isso é uma prelibação do futuro.

Assim, não pergunte a quem esse capítulo é dedicado: trata-se provavelmente da versão futura dos seus próprios produtos.

Passei a chamar esse casamento de *software* e *hardware* de o conceito do "Desenvolvimento Holístico de Produtos"; tornou-se parte essencial da filosofia de produto de Steve e da minha. E ainda que você não esteja no setor de alta tecnologia, irá se tornar parte dele mais cedo do que imagina.

(Não sei como Steve chegou ao termo "holístico", mas eu tomei consciência uma dia de que ele estava usando-o para descrever o processo completo de desenvolvimento de produtos.)

Abraçando o novo

Steve Jobs acreditava que você não pode criar um produto com grupos de foco (ou discussões em grupo), não quando está tentando ser verdadeiramente original. Ele gostava de citar Henry Ford, que certa vez disse algo assim: "Se eu tivesse perguntado aos meus clientes, o que queriam, teriam dito: 'Um cavalo mais rápido'".

Toda vez que escutava Steve mencionar essa citação, lembrava-me daquele Ford Modelo A, de 1932, que recebi como prêmio pelo meu trabalho no rancho. Mesmo sendo um garoto de quinze anos, era capaz de realizar todos os reparos no carro sem o manual do proprietário; era tudo óbvio. Se você tivesse suficiente conhecimento básico, e uma quantidade considerável de bom senso, era tudo o que precisava. O Modelo A era um produto bem projetado. E o uso de Ford das caixas em que as peças eram entregues como elementos estruturais para os assentos e assoalho oferece outro exemplo de desenvolvimento holístico de produtos. Se Steve Jobs e Henry Ford tivessem se encontrado, tenho certeza de que teriam encontrado muito em comum e sentido grande admiração um pelo outro.

O comentário de Ford a respeito dos cavalos transmite uma implicação que Steve entende intuitivamente. Se você perguntar a um grupo de pessoas, mesmo que não estejam insatisfeitas com um produto, como melhorá-lo, as probabilidades são de que elas passem a maior parte do tempo pensando em coisas que estão erradas com esse produto. Essa descoberta de falhas tem algum valor. No entanto, o melhor que você obterá é alguma orientação a respeito de como realizar melhorias incrementais. Elas não lhe darão ideias para produtos radicalmente novos, que mudam as regras do jogo. Não é inovação.

Por que não? Porque, numa situação como essa, a maioria das pessoas se concentra no que acha que foi designada a pensar. Elas acham que foram designadas a enfocar como foi sua experiência. Esse é o foco errado.

O que você precisa é de pessoas que mostrem o que *pode ser* a experiência delas.

Aquilo que separa os visionários da maior parte da humanidade é a tendência de querer saber o que podem fazer, ou como suas vidas ou seus produtos podem ser diferentes. Se você der a essas pessoas novas ferramentas ou novas tecnologias, elas imediatamente irão tentar descobrir como criar produtos que lhe permitirão fazer coisas novas.

Os inovadores elaboram produtos que são resultado do que imaginam, coisas que os ajudam a produzir um mundo em que gostariam de viver. Essa é uma mentalidade diferente de apenas descobrir como melhorar em relação ao passado.

Os desenvolvedores de produto geniais são movidos por um desejo de mudança, por coisas e experiências que são melhores e especiais. Os desenvolvedores de produto como Steve Jobs possuem imaginação que lhes permite antever novos produtos ou novos modos de vida. Então, eles perguntam *por que não?* Isso sempre me recorda a frase de Robert Kennedy: "Algumas pessoas enxergam as coisas como elas são e perguntam: 'Por quê?' Eu sonho com coisas que nunca existiram e pergunto: 'Por que não?'".

As pessoas com a perspectiva de Kennedy, ao descobrirem que criar um produto radicalmente diferente tornou-se possível, perguntarão: "Por que esperar?".

Por que não? Por que esperar?

Thoreau afirmou: "A simplificação dos meios e a elevação dos fins é o objetivo". Bem, a versão de desenvolvimento de produtos dessa visão é conceber algo completamente diferente e melhor, e, então, descobrir como fazê-lo.

Muitas vezes ouvi Steve explicar o motivo de os produtos da Apple parecerem tão bons ou funcionarem tão bem contando a piada do "carro do futuro". "Você vê um carro do futuro", ele diria (estou parafraseando aqui, mas é bastante próximo das suas palavras) "e pensa: 'É um design incrível, tem linhas maravilhosas'. Quatro ou cinco anos depois, o carro está numa concessionária e em anúncios de tevê, e é uma droga. E você quer saber o que aconteceu. O fabricante tinha aquilo nas mãos. Tinha e, então, perdeu".

Em seguida, Steve daria sua versão do que deu errado: "Quando os designers passaram aquela grande ideia aos engenheiros, os engenheiros disseram: "Não podemos fazer isso. É impossível". Eles receberam permissão para seguir adiante e fazer o que consideravam "possível". Então, entregaram seus planos para o pessoal da produção. Esse pessoal disse: "Não podemos fabricar isso". Ele gostava de concluir, dizendo: "Eles perderam para eles mesmos".

Provavelmente, Steve afirmaria que o problema não é exequibilidade, mas sim que o fabricante de carros não assumiu um compromisso incondicional para criar o melhor produto, para fazer algo realmente novo e diferente, mesmo quando conseguia imaginá-lo.

Para ser um desenvolvedor holístico de produtos, você precisa mais que imaginar algo novo; você tem de abraçar a novidade, comprometer-se com ela. Tem de sentir que fazer algo diferente, melhor e especial é a coisa mais importante.

Em diversas empresas, há pessoas com imaginação fértil, cujas ideias brilhantes são frequentemente descartadas em favor do apoio ao *status quo*. Em uma sociedade que sempre aplaude as inovações, inúmeras grandes ideias são frustradas e desperdiçadas todos os dias. Eis por que você lê tão frequentemente a respeito de casos em que um empreendedor com um novo e brilhante produto deixa sua empresa anterior, que não tinha interesse em suas ideias visionárias.

Houve vezes que isso quase aconteceu na Apple. Em 1997, quando Steve voltou para a empresa, ele e Jonathan Ive, o chefe de design, desenvolveram o protótipo do iMac. Era um computador integrado com um monitor de raios catódicos de cor néon berrante.

Parecia algo saído de um desenho de ficção científica criado por uma criança precoce e de imaginação fértil.

Depois, Steve revelou para Lev Grossman, jornalista da *Time*: "Como era de se esperar... apresentamos aos engenheiros e eles deram 38 motivos [de por que não podia ser feito]. E eu disse: 'Não, não, vamos fazer isso'. E eles responderam: 'Bem, por quê?' E eu disse: "Porque eu sou o presidente e acho que pode ser feito'. E, assim, eles, até certo ponto ressentidos, fizeram. Então, foi um grande sucesso".

Nesse caso, o carro do futuro foi construído.

Parceria

Às vezes, as fontes dos instintos criativos de Steve foram mais do que um pouco surpreendentes. Tão improvável quanto possa parecer, ele era um grande admirador de Gutenberg, sempre trazendo à baila em nossas conversas sua fascinação pelo modo de a prensa móvel de Gutenberg funcionar e o impacto que essa invenção teve sobre a sociedade.

Certo dia, isso subitamente o atingiu: o Macintosh não iria só exibir e imprimir letras e números como os outros computadores, mas criar também elementos gráficos. Os usuários poderiam criar logotipos de empresas, folhetos de propaganda e todos os tipos de coisas envolvendo ilustrações. Assim, o Mac mereceria uma impressora afim, podendo imprimir de maneira que fossem além do que uma impressora matrial era capaz.

Steve afirmou: "Precisamos de algo como Gutenberg fez". Pensei: "Ah, claro... quão provável é isso?". Mas onde há Steve, há um jeito.

Ele falou com Bob Belleville a respeito do problema. Os dois sabiam que não havia tempo para inventar uma impressora adequada, não uma que estivesse pronta para vender logo depois do lançamento do Mac.

Belleville tinha o que parecia ser uma sugestão brilhante. Numa viagem ao Japão, ele visitara a Canon e vira suas copiadoras a laser. Podia ser possível, ele disse, pegar uma copiadora a laser e adaptá-la, para que pudesse imprimir a partir do Mac. Se isso fosse correto, eles podiam juntar uma equipe de engenharia e criar uma placa que faria a interface entre a copiadora e o iMac, convertendo dados do computador em qualquer forma que fosse necessária para a impressora.

Steve já estava começando a imaginar tal coisa. "Vamos lá ver isso", ele disse.

Telefonemas foram dados para a Canon, arranjos foram estabelecidos, e todos os assentos da primeira classe de um voo da Air Japan foram reservados. Seis de nós iríamos: Steve e Bob, três engenheiros e eu.

No voo, os engenheiros construíram uma maquete de papelão representando a placa de expansão de tamanho máximo que podia se encaixar no espaço disponível dentro da impressora Canon.

Quando chegamos em Tóquio, ao entrarmos no hotel, algumas garotas reconheceram Steve e correram para pedir autógrafos. Fiquei surpreso: Steve era um rosto familiar nas principais revistas dos Estados Unidos, mas ninguém nunca pediu seu autógrafo. No Japão, estávamos a meio mundo de distância, e Steve não foi só reconhecido, como também tratado como se fosse uma estrela de rock. Não tinha certeza de como ele reagiria, e observei com atenção; se ele ficou irritado, achando isso uma intromissão no seu agudo senso de privacidade, ele não demonstrou. Ainda que ele nunca admitisse (e ele não gostaria que eu perguntasse), tive a nítida sensação de que ele ficou secretamente satisfeito.

Ao entrar no meu quarto, tive uma surpresa. Perguntado antecipadamente a respeito de que tipo de quarto queria, e sendo um viajante que está sempre interessado na cultura local, escolhi o "japonês tradicional". Meu quarto não tinha cama, apenas uma esteira sob o piso. Sem dúvida, não foi a melhor noite de sono que tive na vida.

Diferenças culturais

Na manhã seguinte, nosso grupo foi pego por uma limusine e levado para a sede da Canon, em Tóquio, chegando às dez da manhã. Na sala de reunião, fomos recebidos com chá, café e bolo. Todos estavam sendo muito respeitosos com Steve, tratando-o outra vez como uma estrela do rock, ainda que num sentido diferente do das garotas da noite anterior.

Então, o presidente do conselho e o presidente-executivo da Canon chegaram, com apresentações que foram cerimoniais e muito formais. Depois da saída do presidente do conselho, nós nos reunimos com o presidente-executivo e seis outros executivos para começar uma discussão de negócios. Steve explicou o que queria fazer, um pouco impaciente por ter de esperar a tradução após proferir uma ou duas sentenças.

A reunião tornou-se um problema cultural maior do que a atividade de tradução. Os japoneses não respondiam; parccia quc cstavam dormindo: sentados com as cabeças curvadas e os olhos fechados. Steve começava a ficar frustrado, lançando-me olhares de aborrecimento. Tínhamos feito aquela longa viagem, e ele estava deixando aquelas pessoas com sono?

Felizmente, na viagem, havia lido um folheto preparado pela Air Japan para estrangeiros, que explicava que, numa reunião de negócios, os japoneses, às vezes, fechavam seus olhos para evitar ser distraídos pelo visual, escutando a essência pura das palavras. Sussurrei isso para ele. Ele me deu um breve sorrisinho de compreensão, e voltou a ficar sério.

A hora do almoço mostrou que o pessoal da Canon tinha feito todo o possível para agradar Steve. Eles descobriram o que ele gostava de comer e nos ofereceram uma refeição generosa num restaurante de sushi famoso. Aparentemente, o protocolo recomendou que o negócio fosse posto de lado no almoço, em favor da conversa pessoal. Mas Steve quis falar a respeito do negócio durante todo o tempo, e falou.

• • •

As conversas vespertinas com o presidente-executivo, o chefe de desenvolvimento e o advogado da Canon trataram de alguns pontos polêmicos. Em primeiro lugar, os japoneses não queriam que fosse dito que a tecnologia da Apple era patenteada. Assim, nós não enviaríamos nossos chips para eles, para instalação nas impressoras. Em vez disso, eles enviariam o mecanismo interno das impressoras para os Estados Unidos, onde os chips da Apple seriam instalados na fábrica da Apple, e os mecanismos completos, em seguida, colocados em gabinetes projetados pela Apple.

O presidente-executivo da Canon não gostou da ideia, mas, após alguma persuasão de Steve, cedeu e concordou.

Em seguida, houve a discussão que Steve corretamente previu quer seria a grande questão da visita: o gabinete ostentaria um logotipo da Apple; o nome da Canon não apareceria. Steve estava certo, isso se transformou na grande questão em discussão. A conversa dele com o pessoal da Canon durou quase uma hora.

O motivo de que isso fosse tão importante para Canon era que a empresa japonesa considerava a associação com a Apple Computer, uma empresa tão admirada e respeitada no Japão, como algo que lhe traria distinção, aumentando sua reputação e vendas. Steve fez concessões: a Canon podia veicular anúncios dizendo que havia desenvolvido o motor de acionamento da impressora laser Apple; ela podia ter seu nome estampado no motor de acionamento dentro da impressora. Mas Steve permaneceu inabalável em relação à questão básica, e utilizou todos os seus poderes de persuasão.

Uma das pessoas da Canon — não me lembro se o presidente-executivo ou o chefe de desenvolvimento — apresentou outra questão. Eles queriam que Steve desenvolvesse um modo de o Mac exibir os caracteres kanji, o que tornaria o Macintosh utilizável em todo o Japão. (Os kanji são caracteres de origem chinesa usados amplamente no sistema moderno de escrita japonesa.) Steve se virou para Bob Belleville, que disse que teria de consultar seus engenheiros, em Cupertino.

A reunião foi suspensa em virtude da consulta. Enquanto isso, conheci o chefe de recursos humanos da Canon, que fez muitas perguntas para mim sobre como recompensávamos nossos funcionários, como os motivávamos, como decidíamos as promoções etc. Não imagino que a Canon tenha adotado alguma vez qualquer uma das nossas práticas, mas fiquei fascinado com o fato de que quisessem saber.

Quando a grande reunião recomeçou, Bob anunciou que ele e seus engenheiros concordaram que podiam dar ao Macintosh a capacidade de exibir e utilizar os kanji.

Finalmente, o presidente-executivo da Canon afirmou que concordaria com a condição de Steve de que o nome Canon não aparecesse no gabinete da impressora. Steve, Bob e eu entendemos: essa decisão não foi tomada porque ele decidira que era a coisa certa a fazer; foi tomada porque ele tinha muito respeito por Steve Jobs e pela Apple Computer.

Estou convencido de que Steve aprendeu uma lição dessa experiência. Mudou seu pensamento. Foi a primeira vez que o Mac teria um parceiro de desenvolvimento fora da empresa, possibilitando o lançamento da Laser-Writer muito antes do que se Steve tivesse definido equipes de *software* e *hardware* para trabalhar no projeto, para desenvolver a impressora laser própria da Apple a partir do zero.

Desde então, Steve estaria sempre aberto a considerar soluções externas, em especial para a primeira geração de um produto inovador. E embora ele, na época, ainda não tivesse alcançado o entendimento acerca do desenvolvimento holístico de produtos, já seguia os princípios do conceito. Essa experiência, além da lição referente ao projeto Twiggy, foram os dois principais fatores na mudança do seu pensamento.

Nessa viagem, também visitamos a Sony, em Kyoto. O Walkman da Sony era um dos produtos que Steve adorava. Ele podia falar sem parar sobre a simplicidade do design e da função. Era um tópico favorito nas reuniões com os engenheiros do Mac. Ele sempre falava a respeito da Sony como "a Apple do Japão", e seu modelo para criação de produtos extremamente originais. A visita a Sony foi como uma viagem a Meca para ele.

Enquanto os prédios da Canon eram em estilo japonês tradicional, que vimos em todos os lugares, a arquitetura dos prédios da Sony lembrava Los Angeles, Chicago ou Manhattan. No entanto, assim que entramos, consideramos os edifícios bastante ascéticos pelos padrões norte-americanos, um tanto frios em design.

A única grande exceção era o escritório de Akio Morita, o presidente-executivo. Ao entrarmos, não pudemos deixar de reparar no Van Gogh original pendurado na sua parede. Considerei-o bastante ocidentalizado, muito inteligente, articulado, empresarial e sofisticado. Morita falava bem inglês, assim como todos os seus altos executivos. Soube depois que ele vinha de uma família tradicional e de renome, que estava no negócio de saquê, a bebida fermentada de arroz japonesa, há cerca de quatrocentos anos.

Os executivos da Sony, como os da Canon, eram grandes admiradores de Steve, tratando-o com reverência — quase como se ele fosse um chefe de Estado. Naquela noite, eles nos levaram para o jantar mais fora do comum que já tive. Éramos nós seis da Apple, acompanhados por Morita e cinco dos seus altos executivos. Bob Belleville era um grande companheiro nessas ocasiões, tanto por seu conhecimento tecnológico como por seu dom para a convivência; culturalmente sofisticado e com ótimo *insight*, ele gentilmente atuou como tutor de Steve na conduta correta, da etiqueta profissional até as tradições associadas ao jantar, e Steve escutou.

O jantar foi num restaurante tão exclusivo que tinha somente uma única mesa, e jantar ali é um privilégio passado de geração para geração... mas com um porém: não há garantia de que assim que o pai morre, o filho será aceito.

Entre os pratos daquela noite, incluía-se o baiacu. Como você provavelmente sabe, a menos que seja preparado com muito cuidado, por alguém que sabe o que está fazendo, o baiacu é mortal, sendo considerado o segundo vertebrado mais mortal do mundo. Todos imaginamos que, se nossos anfitriões japoneses confiavam no chefe o suficiente para comer o peixe, não devíamos sentir medo. E suponho que teria sido um insulto se um de nós dissesse que não se arriscaria, demonstrando falta de confiança. No caso de você querer saber, o baiacu é muito branco e algo parecido com o bacalhau, mas — para mim, ao menos — sem muito gosto. Steve, porém, disse aos nossos anfitriões não só o quanto gostou do peixe, mas que esperava que fosse servido nos Estados Unidos, para saboreá-lo novamente. (No tipo certo de restaurante, eu o provaria outra vez, mas só para ver se apreciaria o sabor melhor numa segunda vez.)

Saí do nosso dia na Sony com a impressão de que, apesar da diferença de culturas e de idade de talvez cinquenta anos, Steve e Morita tinham valores surpreendentemente parecidos. No fundo, você sabia que Morita estava exigindo a criação de produtos que ele mesmo queria, exatamente como Steve. E os dois transformaram suas empresas em exemplos destacados da prática do desenvolvimento holístico de produtos.

Foi uma confirmação transcultural de tudo que Steve defendia: goste do que você faz. Goste do que você cria. Alcance a perfeição.

Além disso, escutar os dois conversando foi uma aula de valores empresariais para todos. No fim, a parte triste da história é que a relação entre Apple e Sony nunca alcançou seu potencial: Steve tinha saído da Apple muito cedo, e, quando voltou, Morita havia deixado a Sony.

Qualidade sobre quantidade

Todos aplaudem a inovação e os inovadores, pois todos acreditamos que grandes produtos geram grandes lucros. Além disso, gostamos de ser surpreendidos e alegrados por algo que é uma mudança radical, que expande nosso conceito do mundo e pelo qual seremos capazes de fazer o que não podíamos fazer antes. Somos todos dependentes da novidade. Nesse sentido, somos todos pioneiros.

Para as pessoas que criam os produtos, o desejo se exacerba mais cedo: elas têm de desenvolvê-los para brincar com eles ou desfrutá-los.

Não é suficiente pensar a respeito de um produto incrível e querer fabricá-lo. É preciso capacidade para isso. De onde ela vem?

No caso de Steve, é claro que, em grande parte, a capacidade resulta do seu foco e do seu compromisso firme com a estratégia. Mas Steve é também um homem de negócios. Em parte, as inovações da Apple resultam da sua perspicácia intuitiva dos compromissos requeridos e da sua disposição de assumir esses compromissos. Ele se dispôs a aceitar riscos incríveis para concretizar sua visão. Ele se dispôs a pagar o preço necessário de alguém determinado a se comprometer com a inovação.

Lembremos que uma das primeiras coisas que Steve fez ao se tornar presidente-executivo interino foi parar de vender dezenas de produtos. Uma coisa é rabiscar um grande produto no verso de um guardanapo ou um documento de venda a respeito dele em uma reunião de designers ansiosos, que são mais ou menos seus discípulos. No entanto, e aqueles produtos herdados que são vendedores firmes?

Podem não ser iPods ou iPhones, mas mesmo o mais medíocre produto da Apple estava gerando receitas e ganhos. Estavam se pagando e ajudando a manter a Apple solvente. Cada um desses itens banais estava conectando a Apple a um fluxo confiável de receitas, mesmo que, em certos casos, fosse um afluente ou apenas um filete d'água. É um movimento alarmante puxar a tomada desses burros de carga consagrados, de vendas firmes, da sua linha de produtos.

Como vimos, foi o que Steve fez. Ele eliminou dezenas de produtos e concentrou recursos em apenas quatro. Isso foi uma surpresa até para o conselho. Na época, o presidente do conselho da Apple era Edgar Woolard, presidente-executivo da DuPont, que disse: "Ficamos boquiabertos quando ouvimos isso". Frequentemente, os comentaristas do setor e os analistas de Wall Street pressionavam Steve para aumentar a participação de mercado da Apple, vendendo produtos que fossem *commodities* ou partindo para segmentos em que a empresa não seria a líder. Steve nunca se rendeu a essa pressão.

"Tenho tanto orgulho do que não fazemos como do que fazemos", ele sempre dizia.

Há maneiras diferentes de interpretar essa afirmação. No entanto, sempre achei que ele queria dizer que também mostramos nossos valores e nossa visão por aquilo que decidimos não fazer. Não estamos tentando ser todas as coisas para todas as pessoas, ainda que tentar agradar a todos seja, às vezes, difícil de resistir e pode parecer a maneira de enriquecer. "A qualidade é mais importante do que a quantidade, e é uma decisão financeira melhor", Steve declarou a *BusinessWeek*. "Um *home run* [corrida à base principal no beisebol] é muito melhor do que dois *doubles*."

O que capacita Steve a ter foco, acho, é a capacidade de visualizar o futuro e a necessidade violenta de fazê-lo acontecer. Há também outro fator: a competição, ou simplesmente a crença em ter o melhor produto. Steve, desde o início, viu cada novo grande produto como detentor do potencial de atrair mais pessoas que estivessem com vontade de abandonar os computadores com Windows e se tornarem usuárias do Mac.

Acho que o Steve Jobs que conheci anos atrás não ficaria satisfeito até que, ao menos, metade de todas as vendas de computador fossem de Macintosh.

Desenvolvendo a empresa holística

Para se obter uma inovação real, você tem de desenvolver uma cultura para apoiá-la. A *inovação*, com *I* maiúsculo, é uma das palavras mais excessivamente usadas em empresas, pois ter produtos inovadores é o código para dizer que, em certo sentido, você está superando a concorrência. Inúmeras empresas utilizam a palavra *inovação* em suas "mensagens" sem nenhum fundamento real. É apenas uma manipulação de marketing ou uma tentativa tímida, óbvia, de motivar os funcionários.

Para ser uma empresa empreendedora, novas ideias devem se tornar a vida da organização. Como você consegue fomentar novas ideais em uma cultura empresarial tradicional?

Você não consegue. Não funciona. As empresas empreendedoras e as empresas tradicionais são dois organismos fundamentalmente diferentes. Você não obtém inovação de uma empresa tradicional. A maior parte das vezes, nas empresas convencionais comuns, um funcionário leva sua ideia a um gerente mais graduado, que pode se apropriar da ideia e, em certos casos, até ser promovido por causa dela. Em geral, o gerente mais graduado comanda o projeto e a pessoa que teve a ideia recebe os parabéns, mas nada mais. Esse é o padrão de comportamento pernicioso das empresas tradicionais, que funcionam num modo hierárquico. Não que não produzam boas ideias. As boas ideias ocorrem sempre que você tem pessoas pensantes, e elas existem em todos os lugares. No entanto, nas empresas tradicionais, essas ideias são frustradas, descartadas, desenvolvidas imperfeitamente ou apropriadas indevidamente.

Em contraste, em um ambiente empreendedor, a receptividade e a recompensa por novas ideias são a maneira de envolver as pessoas para darem seu melhor e sentirem que têm participação na empresa. Mediante as ideias, as pessoas desafiam umas às outras, de maneira que não é odiosa. Você inspira a competição e a aspiração demonstrando sua crença de que cada pessoa é capaz de expressar a criatividade por sua própria conta. Isso pode ser em contabilidade, design de produto ou uma nova maneira de dar incentivos aos funcionários.

Mas você precisa ter uma visão para as pessoas seguirem: um roteiro para o infinito. Você encoraja as ideias que estão de acordo com a visão e o roteiro, e, então, dá à pessoa a oportunidade de ser parte disso.

Você tem de tolerar também erros sem penalizar os outros. Acredite-me, causa uma péssima impressão quando alguém que deu uma ideia, adotada e financiada pela empresa, é rebaixada de posto ou até demitida quando o projeto não tem sucesso.

Quando ocorre o contrário, todos captam a mensagem: é ótimo ser criativo, fazer algo novo; seu emprego não vai estar em risco.

Ao estimular os funcionários e suas ideias, você obtém uma rede de inteligência fundamental. Os funcionários introduzirão novas coisas no mercado para falar a respeito delas, discutir suas vantagens e desvantagens, testá-las, divertir-se com elas... e, então, perguntar: "O que podemos fazer em favor de uma nova geração melhor?".

Nas empresas tradicionais, as pessoas estão tão concentradas na produtividade e nos lucros que não têm tempo de considerar as coisas de uma perspectiva radicalmente diferente. Ao menos, não a maioria dos funcionários, na maior parte das empresas. E não há muita polinização, pois diversas empresas mantêm isoladas as pessoas realmente brilhantes, em algum laboratório ou área onde não podem bagunçar o lado comercial das coisas. Elas segregam os gênios excêntricos e limitam sua influência em relação à inovação. Essa prática é organizada de uma maneira que frustra ou limita a criatividade, em vez de estimulá-la em toda a organização.

Talvez eu seja apenas um sonhador, mas acredito que a organização empreendedora representa o futuro, pois as pessoas estão demandando esse tipo de ambiente. Vi isso nas minhas próprias empresas e vi isso em outras empresas. As pessoas querem ambientes mais humanos, em que seus esforços são, no mínimo, reconhecidos, em que se sintam parte de alguma coisa. A geração mais jovem de funcionários, e, principalmente, os mais talentosos, quer mais do que um emprego das nove da manhã às cinco da tarde. Essa geração quer algo com propósito.

Algumas lições de inovação

A história do iMac, mencionada anteriormente, oferece três lições a respeito de como a inovação acontece: uma sobre colaboração, uma sobre controle e uma sobre funcionários inspirados.

Os funcionários da Apple falam sempre acerca de "colaboração profunda", "polinização" ou "engenharia coordenada". Essas palavras significam que não existem estágios de desenvolvimento distintos, lineares e sequenciais. Em vez disso, os estágios são simultâneos e holísticos. Os produtos são trabalhados em paralelo, por todos os departamentos — design, *hardware* e *software* — e em rodadas incessantes de análises de projeto interdisciplinares. Os produtos não passam de equipe para equipe. Todos que fizeram um investimento permanecem no investimento. Ninguém deve se afastar do seu envolvimento.

Os gerentes de outras empresas se vangloriam do pouco tempo que perdem em reuniões. A Apple é cheia de reuniões e se orgulha delas. "A maneira convencional de desenvolver produtos não funciona quando você é tão ambicioso quanto nós", afirma Jonathan Ive, designer extraordinário. "Quando os desafios são complexos, você tem de desenvolver um produto de maneira mais colaborativa, integrada."

A segunda lição desse exemplo é acerca de controle. Embora seja evidente que Steve tenha usado sua autoridade e insistido que o iMac fosse produzido, ao enfocar o que seria negligenciado, sua determinação abriu caminho para a inovação. Nas empresas, nada é tão cegante quanto uma estratégia, uma abordagem ou uma linha de produtos que funcionou antes. O sucesso pode ser autodestrutivo se levá-lo à rotina de se repetir. Com muita frequência, não podemos visualizar um mundo diferente, pois nos envolvemos no hábito de considerar nosso mundo com a mentalidade do que funcionou antes.

Quando Steve comprometeu a Apple com o novo protótipo do iMac, ele estava insistindo para que a empresa fosse compreensiva, experimental e disposta a testar coisas novas. Fazer coisas de maneira diferente ou produzir coisas diferentes, em vez da repetição do "mesmo e antigo", é o que determina uma visão convincente nos seduzir. O novo pode nos atrair como força para um mundo onde o horizonte leva a algum lugar em que ficamos entusiasmados de ir, onde a criatividade acontece. Quando Steve insistiu para que a Apple criasse esse computador "selvagem", com aparência divertida, ele estava apagando o controle.

Ainda mais importante, ao comprometer a empresa com o novo iMac, ele oferecia, implicitamente, um incentivo incrível e fortalecedor a todos da Apple. Ele dizia que, na Apple, o que você for capaz de imaginar, poderá ser feito. Os bons funcionários consideram isso muito inspirador.

Essa é a terceira lição.

Naturalmente, você tem de fazer todas as outras coisas consagradas que envolvem e gratificam os funcionários. Você tem de ser acessível a eles, tem de conhecê-los e aprender o que os motiva. Você precisa escutar. E deve valorizar suas ideias, mesmo aquelas que são a respeito de, por exemplo, embalagem ou documentação. (Pequenos detalhes, como embalagem do produto ou manuais de usuário podem ter grande impacto no sucesso de um produto. Quantas vezes você comprou alguma coisa e considerou o manual do proprietário tão complicado que passou horas aprendendo a montar o produto ou utilizá-lo?)

Mas o ingrediente básico, se você contratou o tipo certo de funcionário, é criar uma cultura em que as ideias terão grande probabilidade de ser materializadas. Um dos isótopos mais radioativos do poderoso carisma de Steve é o fato de que ele convenceu seus funcionários de que se comprometerá com as inovações. Isso é o que gera e cria uma cultura de inovação.

"A Apple é uma empresa incrivelmente colaborativa", afirmou Steve, na conferência All Things Digital, em 2010. "Vocês sabem quantos comitês temos na Apple? Nenhum. Estamos estruturados como uma empresa nascente. Somos a maior empresa nascente do mundo. O que eu faço todos os dias é me reunir com equipes de pessoas e trabalhar com ideias e novos problemas, para criar novos produtos."

Em contraste, algumas empresas são o equivalente a um aterro sanitário da inovação. São depósitos de lixo, onde as grandes ideias morrem. No PARC, as pessoas-chave do desenvolvimento continuavam saindo, pois nunca viam seus produtos chegar no mercado. Elas queriam ver o produto inovador que conceberam, seu orgulho e sua alegria, acabar nas mãos dos usuários. E isso não acontecia. Eis por que o PARC tinha alta taxa de rotatividade de pessoal.

Eu gosto do modo pelo qual o jornalista Lev Grossman descreveu isso na revista *Time*: "Se você fundir a Microsoft, a Dell e a Sony em uma única empresa, você teria algo como a diversidade da biosfera tecnológica da Apple".

CAPÍTULO 10

Disseminando a inovação

No mundo de Steve Jobs, os produtos não são criados por uma, duas ou três pessoas com ideias, apoiadas por diversos engenheiros ou artesãos práticos, que transformam as ideias em produtos funcionais. Esse não é o estilo de Steve Jobs e nunca foi.

Não é algo que ele pensou por um tempo e, finalmente, teve uma ideia brilhante. Ele trabalha a partir da intuição e sabe, desde o início, que, se montou a equipe certa, membros os proporcionam potência criativa suficiente para transformar seus sonhos em produtos reais.

No mundo de Steve, a inovação é uma atividade de grupo. Isso foi ainda mais notável para mim, pois, como mencionei, na IBM, tinha visto o lado negro, o lado deprimente da inovação. A Big Blue possui alguns dos cientistas e engenheiros mais criativos do mundo: laboratórios inteiros, um após o outro, cheios daquelas pessoas imensamente superdotadas, uma coleção quase inacreditável de talentos de classe mundial. Achei isso estonteante. Então, por que também achei deprimente?

Certo: todas aquelas pessoas incrivelmente inventivas estavam propondo ideias fenomenais para novos produtos e melhorias de produtos existentes, que, dificilmente, se materializariam algum dia.

Naturalmente, a IBM não estava sozinha nesse mundo surdo e mudo. A Kodak, líder em produtos fotográficos, continuou fazendo o que sabia tão bem como fazer... e deixou passar completamente a era da fotografia digital e do processamento da imagem digital. Se fosse pela Kodak, depois das férias da família ou da formatura das crianças, nós ainda estaríamos entregando rolos de filme na loja de fotografia.

Steve entendeu, sem ter de pensar sobre isso, que a inovação não é só um esporte de equipe, mas precisa ser disseminada — tanto internamente como também para parceiros externos. Ao abrir a inovação para recursos externos, eles precisam atuar como parte da equipe. O grupo do Mac praticou isso nos primeiros dias, quando uma equipe de "pregadores" saiu para incentivar os desenvolvedores a criar aplicativos.

A teoria do produto total

Desde o primeiro dia, Steve viveu uma filosofia que é uma extensão do conceito de desenvolvimento holístico de produtos. Essa filosofia afirma que você não consegue produzir produtos de tecnologia bem-sucedidos — produtos que funcionam bem e atendem expectativas — a menos que a empresa que criou o *hardware* também crie o *software*. Passei a denominar a postura dele a esse respeito de "a Teoria do Produto Total".

Durante um tempo, discuti com Steve a respeito da ideia. Eu achava que, se vendêssemos nosso *software*, como a Microsoft faz, poderíamos ter um produto melhor e o controle do mercado de *software*.

Ele me convenceu de que eu estava errado, e fez isso não só com suas explicações fundamentadas, mas, ao longo do tempo, pelo meu testemunho do sucesso dos produtos da Apple e das deficiências de quase todos os demais fabricantes. A fim de obter o melhor desempenho do *software* executado num *hardware*, você precisa controlar o sistema total. O princípio não é só para empresas de tecnologia: se Steve produzisse colchões, ele projetaria a estrutura, mas não compraria as molas do fornecedor de menor preço.

Se a Microsoft tivesse controlado o *hardware*, a empresa teria produzido um produto muito melhor do que o sistema Windows que conhecemos. Como a Microsoft não se aprofunda nos problemas de desenvolver o *hardware* informático, ela simplesmente não consegue compreender o que é necessário para fazer o *software* e o *hardware* funcionarem bem juntos. Cada versão do sistema operacional Windows tem apresentado problemas irritantes, inoportunos.

A Microsoft tem feito ainda pior em relação aos seus produtos de consumo. A empresa produziu um produto após o outro que falhou de forma deprimente. Em meados de 2010, retirou do mercado o Kin, seu novo celular, depois de cerca de dois meses. Como um jornalista fez graça, não haverá nenhum outro depois do Kin. Mas antes que você possa dar meia-volta, o pessoal de Redmond (sede da Microsoft) voltou com outra tentativa, completamente diferente. Com o nome de Windows Phone 7, rapidamente despertou uma reação desfavorável do *New York Times*, num artigo intitulado: "Um telefone de promessa, com falhas". O artigo reclamava que até o nome era enganador. "Não é o Windows. Não parece nem funciona como o Windows, não executa o *software* Windows, nem mesmo requer um PC com Windows." E embora "apresente alguma genialidade real, não dispõe de uma lista embaraçosamente longa de recursos que são padrão no iPhone e no Android".

A maioria dos desenvolvedores que criam *software* para utilização em produtos de outras empresas adota uma abordagem prática em relação ao arranjo, visando realizar o melhor negócio para a sua própria empresa, sem desenvolver os melhores produtos para o consumidor.

Imagine esse cenário: na Motorola, você é o chefe de desenvolvimento de produtos e marcou reuniões na Microsoft para discutir o uso do sistema Windows Mobile em seu celular Droid. As reuniões vão bem. As apresentações são profissionais e terminam com a Microsoft falando a respeito de "ser realmente agressiva nas taxas de licença" para o Windows Mobile. A Microsoft está disposta a dar um desconto de até 20% na taxa de licença por unidade.

Depois das reuniões com a Microsoft, você se reúne com a Google para discutir planos de uso da plataforma Android para seus celulares. De novo, suas apresentações vão bem e são muito profissionais. As duas empresas possuem desenvolvedores de *software* excelentes.

Mas uma coisa estranha acontece quando o pessoal do Android discute os termos do negócio. Eles explicam que não cobram nenhuma taxa de licença, pois trabalham com um ambiente de código aberto. Em vez disso, querem que você produza celulares equipados com Android sem nenhum custo. Sem custos é um negócio muito bom. Agora, temos de admitir, se o Android não for bom, a gratuidade não terá sentido; mas se o sistema for estável e sólido, a gratuidade será um negócio muito bom.

Os usuários do Droid tendem a se frustrar com os problemas constantes e irritantes que afetam seus telefones. Conhece dois irmãos gêmeos que compraram dois Motorola Droid. Entre eles, já tiveram *oito* aparelhos. A Motorola continua trocando as unidades, pois elas não funcionam corretamente. Nenhuma das etapas, como retornar o telefone ao estado-padrão da fábrica, corrigiu os problemas. E quem é o culpado: a Motorola ou a Google? Os consumidores não sabem quem responsabilizar.

Os usuários do iPhone podem ficar frustrados com ligações interrompidas, mas isso ocorre devido, principalmente, a falhas do serviço irregular da AT&T. Os problemas do tipo Droid, em que o aparelho não funciona como deveria, são raros. Sim, houve um problema com a antena do iPhone 4 no seu lançamento. Deveu-se a duas coisas. Steve, por causa da sua saúde, estava dedicando mais tempo à família e cedeu alguma autoridade a substitutos de confiança em relação ao nível extraordinário de atenção ao detalhe que ele sempre carregou sobre seus ombros no passado.

Em segundo lugar, quando você é considerado número um em todos os aspectos empresariais precisa agir como o número um. A mídia tem grande expectativa em relação a comunicações diretas. A Apple não foi tão disponível em relação a uma resposta imediata e a uma aceitação da responsabilidade como todos esperavam, e a mídia repreendeu severamente a empresa pelo período inicial de silêncio. Uma fonte interna me afirma que, assim que as notícias sobre o problema da antena começaram a aparecer na mídia e na internet, o vice-presidente responsável pelo iPhone recebeu um telefonema de Steve com uma breve mensagem: "Esse não é o jeito que fazemos as coisas na Apple". No meu entendimento, o vice-presidente estava fora; ele não trabalha mais na Apple.

Saindo de casa

Na Apple, a frase "Produto Total" significa bem mais do que um aparelho. Significa a experiência completa do uso do aparelho. O objetivo é projetar o produto, para que ele se encaixe nos estilos naturais de vida, no modo que as pessoas habitualmente utilizam as coisas, em vez de esperar que as pessoas se adaptem: o objetivo é criar um sentido gratificante de natural, intuitivo e simples.

Em 2000, a Apple enfrentou um desafio com a abordagem do "produto total". Nenhuma empresa consegue fazer tudo, principalmente diante de contenções financeiras sérias, e uma página do livro contábil da Apple continuava a parecer patética. O Macintosh ainda tinha menos de 3% de participação no mercado de computadores. Steve estava desesperado por aplicativos capazes de atrair usuários do Windows, levando-os para o Mac.

Era natural que Steve, amante da música, chegasse a ideia de oferecer um *software* superior associado à música, capaz de rastrear as canções, permitindo que o usuário localizasse e reproduzisse rapidamente tudo o que estivesse procurando.

Desde o negócio da LaserWriter com a Canon, Steve estava convencido de que algumas vezes você desenvolve na própria empresa e outras vezes você olha ao redor e enxerga o que já existe fora.

Na ocasião, no mercado, um *software* importante de música em MP3 era o SoundJam MP, desenvolvido pela Casady and Greene (C&G), pequena empresa do Vale do Silício, que também criou diversos games para o Macintosh. Jeff Robbin, principal programador da SoundJam, trabalhara na Apple uma vez. O SoundJam MP tornou-se um grande sucesso, conquistando 90% do mercado.

A Apple aproximou-se da C&G para comprar os direitos do SoundJam. Como parte do negócio, Jeff Robin foi recontratado pela Apple e ficou responsável pela criação de uma nova interface. Quando a versão da Apple do *software* foi lançada na Macworld, em janeiro de 2001, agora rebatizada como "iTunes", tornou-se imensamente popular... no entanto, poucos podiam ter imaginado a revolução nos hábitos do consumidor que o iTunes acarretaria. Ou melhor, poucos, a não ser Steve Jobs e a equipe do iTunes.

Na época, o iTunes parecia um produto autônomo. Agora, nós o reconhecemos como a primeira parte da estratégia de produto total de Steve.

Decisões de produtos

Steve mantinha contato com o trabalho sendo realizado na Universidade Carnegie Mellon a respeito de um *software* avançado conhecido como Mach kernel; um kernel é o núcleo de um sistema operacional, e Steve havia aprendido o suficiente a respeito do trabalho da Carnegie Mellon para acreditar que esse pacote era, provavelmente, o melhor *software* disponível para se tornar a base de uma nova geração de sistema operacional para computadores pessoais; antes de sair da Apple, ele tinha encomendado um supercomputador Cray para iniciar o trabalho de desenvolvimento de um sistema operacional baseado em Mach kernel. (Isso causou certo atrito: Steve tinha autorização para gastar, no máximo, 10 milhões de dólares, mas o Cray custou por volta de 12 milhões de dólares.)

Steve não chegou a trabalhar com o Mach kernel na Apple, mas a porta estava aberta para constituir a base do sistema operacional que ele precisaria para o novo computador que produziria na NeXT. Ele procurou Avadis Tevanian Jr., um dos líderes do projeto do Mach kernel na Carnegie Mellon. Avie tinha graduação em matemática e mestrado e doutorado em ciência da computação, e era um dos principais desenvolvedores do Mach kernel desde os tempos da sua graduação. Avie aceitou o convite de Steve: ele se mudaria para o Vale do Silício e trabalharia na Apple.

Avie tinha a inteligência, a experiência, a energia e o entusiasmo para aquilo que Steve estava pretendendo fazer. Foi uma boa decisão para os dois. Avie se tornaria o cérebro por trás da criação do *software* do sistema operacional NeXTStep (baseado, é claro, no Mach kernel); esse *software* seria a tábua de salvação para a NeXT e para Steve. Posteriormente, Avie seguiria Steve na Apple, onde chefiaria a criação de uma nova geração do sistema operacional do Macintosh: o OS X. Na época, ninguém — nem mesmo Steve ou Avie — seria capaz de imaginar que uma versão do OS X possibilitaria o desenvolvimento do celular mais avançado e mais amigável ao usuário do mundo.

Em qualquer ano, os engenheiros e os líderes de equipes de produto de Steve consideram centenas de ideias, entre elas poucas parecem brilhantes. Mas, por enquanto, gostaria de considerar as origens que levaram a decisão de Steve acerca de uma ideia específica, que levou a "nós vamos seguir com *essa* ideia".

Por sempre observarem de perto a última palavra em tecnologia, as equipes da Apple estão prontas a reagir rapidamente quando os elementos para produzir algum novo produto específico tornam-se disponíveis. Era natural, uma vez que o iTunes estava fazendo sucesso, que Steve, e Ruby e suas equipes começassem a pensar a respeito de um tocador de música, um aparelho do tipo MP3, que seria tão sexy e inovador quanto o Macintosh original. No entanto, as peças não estavam ali.

Já vimos como Steve, depois de virar presidente-executivo interino, cancelou diversos produtos da Apple. Entre eles, incluía-se o Newton, o assistente digital pessoal (PDA, na sigla em inglês) inovador da empresa, que Steve rejeitou porque não o considerou um produto básico.

Alguns anos depois, quando a Apple estava em uma posição financeira mais sólida, o quadro mudara. O mercado dos PDAs estava crescendo muito rapidamente. As vendas dos tocadores portáteis de música estavam claudicando; os PDAs pareciam uma melhor oportunidade do que os tocadores de música. Muito antes de o mercado de smartphones decolar, Steve percebeu que os celulares seriam capazes de fazer coisas que os PDAs estavam sendo usados para fazer. Progressivamente, ele passou a supor que o mercado de PDAs desapareceria. Ele deu as costas para os PDAs e lançou seu olhar para outro lugar.

Steve e Jon Rubinstein, olharam ao redor e observaram projetos criativos em câmeras digitais de foto e vídeo, tocadores de música e celulares. Apenas para ver onde poderia chegar e avaliar, Ruby definiu equipes para trabalhar os *hardwares* e os *softwares* que diversas empresas estavam usando nesses aparelhos. Ele descobriu que as câmeras tinham *softwares* bastante decentes, mas, em relação aos tocadores de música digital, "eram terríveis", declarou Ruby à *Cornell Engineering Magazine.* "Os aparelhos eram grandes e pesados. As interfaces do usuário eram horríveis."

Enquanto isso, Steve estava dominando por causa da magnitude do mercado de tocadores de música. Ainda melhor, o mercado era atraente, pois a concorrência não era muito ameaçadora, e parecia um mercado maduro para deter com um produto que revolucionaria a experiência do usuário.

Às vezes, quase tudo parece certo para uma ideia se transformar em um projeto de desenvolvimento ativo, exceto que há algumas disparidades tecnológicas, um ou dois itens fundamentais que não atendem os padrões da Apple. Mas, dessa vez, as estrelas estavam alinhadas.

Ao visitar a Toshiba, no Japão, não muito tempo antes, Ruby discutia os discos rígidos que a empresa estava fornecendo para diversos produtos da Apple, quando uma menção passageira foi feita a respeito de um produto em desenvolvimento, um disco rígido minúsculo de 1,8 polegada. No entanto, a Toshiba ainda não tinha achado nenhum mercado para o produto. Será que o senhor Rubinstein podia encontrar um uso para o equipamento?

Esse disco minúsculo, Ruby tomara conhecimento, podia armazenar cinco gigabytes de dados. Na época, isso era simplesmente incrível. Então, a Apple assinou um acordo de exclusividade com a Toshiba referente ao disco rígido.

As baterias miniaturizadas tinham se tornado disponíveis, podendo alimentar o aparelho o tempo suficiente para que o usuário não precisasse recarregá-lo após escutar algumas poucas músicas.

E também um elemento mais decisivo: uma tecnologia que poucas pessoas conheciam, mas todos celebrariam. Em relação aos tocadores de MP3 existentes, levava horas para fazer o download de uma biblioteca musical; a tecnologia *FireWire*, que a Apple havia desempenhado o papel de liderança no desenvolvimento, tornou possível fazer o download em minutos. Todos esses elementos tornariam realidade a criação de um pequeno e elegante iPod.

A expertise da Apple em *software* podia produzir um aparelho portátil de música muito superior. Além disso, a empresa tinha uma grande qualidade de design industrial e talento para miniaturização.

"Assim, Steve pediu para eu produzir um tocador de música", afirmou Ruby.

Imagine trabalhar num produto tão cobiçado que os membros de equipe de desenvolvimento mal podiam esperar para terminá-lo para poderem ter um próprio. Isso é o que aconteceu com o aparelho que veio a ser chamado de iPod. A ideia de poder carregar uma grande parte da sua biblioteca musical com você era irresistível.

Jonathan Ive descreveu: "Como todas as outras pessoas do projeto, eu batalhei, não tanto porque era um desafio — o qual era verdade — mas porque eu queria ter um". E "não consigo me lembrar da última vez em que nós, coletivamente, cobiçamos tanto um produto como o iPod".

Steve exigira que o produto estivesse pronto para lançamento e venda durante o período do Natal, em 2001. Isso deu às equipes do iPod somente dez meses para fazer o iPod acontecer, um tempo inacreditavelmente curto.

O desafio de projeto da Apple era obter um desempenho excelente, ainda que comprimindo os circuitos em uma embalagem não muito maior que o tamanho de um maço de cigarros.

A definição dos conceitos básicos não levou muito tempo, mas, então, a Apple precisava de alguém para ajudar no design. De acordo com um membro da equipe que estava perto da ação, Ruby procurou alguém por perto. Um provável candidato tinha acabado de se empregar em outra empresa, mas sugeriu que Ruby conversasse com Tony Fadell. Ruby deu alguns telefonemas, encontrando-o em uma estação de esqui. Tony voltou para uma conversa. Posteriormente, ele revelou que Ruby não lhe disse qual seria o trabalho, mas o contratou, inicialmente como consultor.

Como em todos os projetos da Apple, os participantes-chave realizavam *brainstorms* contínuos a respeito de como juntar todas as peças: Steve, Ruby, Jeff Robbins e Phil Schiller.

É claro que Steve não foi um executivo passivo, sentado em seu escritório, e esperando que a equipe apresentasse um produto acabado. Como você suporia a partir do que leu a respeito dele nessas páginas, o envolvimento de Steve no desenvolvimento do iPod foi próximo e constante. Ele conduziu a equipe com sua perspicácia natural das necessidades de marketing e com sua exigência por um design deslumbrante. Ele trouxe ao projeto sua persistência de toda uma carreira: produtos bastante fáceis de operar. Steve se irritaria se precisasse apertar três vezes o botão para obter a música que queria, ficaria furioso se o menu não aparecesse rapidamente, e se tornaria instransigente se a qualidade de reprodução musical não fosse excelente.

Embora o projeto estivesse dentro do cronograma, tarde no desenvolvimento do iPod, o grupo descobriu um defeito potencialmente fatal. O aparelho descarregava a bateria ainda que desligado. Três horas após a carga, a energia da bateria acabava. A descoberta surgiu quando o circuito eletrônico foi declarado concluído e as linhas de montagem estavam sendo preparadas. Foram necessárias semanas para descobrir como corrigir o problema. Um dos participantes-chave de uma empresa externa recordou: "Durante oito semanas, eles acharam que tinham um tocador de MP3 com vida útil de três horas".

O desafio do timing

Diversos eventos externos obscureceram o lançamento vindouro do iPod. No final de outubro, a Intel divulgou que está saindo do setor de produtos eletrônicos de consumo. A Intel era renomada por seu brilho em engenharia e habilidade em marketing. Mas admitia que não sabia como ganhar dinheiro em produtos eletrônicos de consumo. E um dos produtos da divisão fora um tocador de MP3.

A decisão da Intel veio na sequência de outras preocupações legais e econômicas. A bolha da internet havia estourado, deixando o setor de alta tecnologia repleto de empresas falidas e um exército de engenheiros desempregados. Além disso tudo, processos judiciais a respeito de pirataria de músicas e falta de pagamento de direitos autorais estavam congestionando os tribunais.

Pior de tudo, era 2001. Os trágicos ataques terroristas de 11 de setembro contra o World Trade Center ocorreram apenas um mês antes do lançamento marcado do iPod. Os norte-americanos estavam aturdidos, chocados e assustados a respeito do que esse evento podia significar para o país. O povo de um país em luto estava querendo saber se alguns ataques subsequentes igualmente devastadores já estavam planejados e prontos para começar.

Todos os planos foram feitos para o lançamento ostensivo do iPod pouco mais de um mês depois. Steve estava diante da decisão de seguir adiante conforme o planejado a respeito da apresentação do seu pequeno tocador de música.

No entanto, nada é tão reconfortante quanto o anúncio de um nascimento. O mundo podia ter sentido como se fosse desintegrar, mas Steve Jobs manteve seus planos.

Sendo um divulgador do seu produto

Na tradição de Steve, na sede da Apple, em 23 de outubro, ele surgiu diante da plateia só de convidados e apresentou ao mundo seu novo e belo rebento: o iPod, uma tecnologia ágil, comparável ao sapateado de Fred Astaire.

Em breve, os inovadores da Apple e o próprio Steve veriam seus belos fones de ouvido brancos sendo usados em todo o mundo por pessoas que seguiam o ritmo da música com os pés.

Steve Jobs levara suas equipes a definir um novo padrão de inovação e influenciou a equipe do Produto Total — não só o pessoal interno, mas também o externo.

Tanto quanto eu o conheço, seus desempenhos no lançamento de um produto sempre traziam o filme *Elmer Gantry* (*Entre Deus e o pecado*) à mente, com Burt Lancaster interpretando o papel de um pregador fanático, determinado a atrair os fiéis e converter os incrédulos. Steve Jobs, mestre em atrair os fiéis da Apple e converter qualquer incrédulo, é o pregador *supremo* de produtos.

Persuadindo e se envolvendo em círculos maiores

Quando as circunstâncias exigem, Steve era um *showman* pregador em situações entre ele e outra pessoa ou ele e algumas pessoas. Suas negociações com os principais personagens da indústria de música, decisivas para viabilizar a iTunes Music Store, fornecem outro estudo de caso na disseminação da inovação e na visão do Produto Total como uma experiência importante. A identificação completa de Steve com o cliente significava que ele considerava cada elemento da experiência da iTunes Music Store, desde a criação às vendas, ao uso, ao prazer cotidiano, como parte de um sistema completo.

Na época, os lucros com música estavam em queda livre, mergulhando alarmantes 8,2% só em 2002. As cinco principais gravadoras e sua associação de classe, a Recording Industry Association of America (RIAA), culpavam a pirataria pelo declínio, provocado pelo Napster e seus congêneres.

A RIAA entrou na justiça e conseguiu fechar o Napster, mas outros serviços de compartilhamento de arquivos, como o KaZaA, que funcionava com um modelo de distribuição sem servidor central, eram mais difíceis de ser eliminados. As ações judiciais da RIAA contra infratores individuais e organizacionais também estavam sendo um desastre de relações públicas, que faziam tudo menos tornar benquisto o negócio da música em relação aos aficionados: seus clientes.

Enquanto isso, pessoas importantes da indústria tentavam criar seus próprios sistemas on-line de distribuição de músicas. Três das cinco grandes gravadoras — Time Warner, EMI e Bertelsmann — criaram uma loja on-line, a MusicNet, enquanto outras duas — Sony e Universal — lançaram a concorrente Pressplay. Um grupo não permitiu a presença do acervo musical do outro em sua rede. Também cometeram o erro básico de cobrar mensalidades, o que significava que os clientes nunca eram donos das músicas, pois bastava cancelar a assinatura e a música já paga para download no computador não podia mais ser reproduzida.

O download de música para os tocadores portáteis de MP3 era desaprovado. A princípio, a MusicNet tornou isso impossível, e as políticas restritivas da Pressplay não eram muito melhores. No momento em que os dois sistemas concorrentes decidiram licenciar músicas entre si, era muito tarde. As restrições para download foram um tanto afrouxadas, mas longe do suficiente, e os aficionados estavam mais desencantados do que nunca. As gravadoras estavam cometendo o erro mais básico possível: ignorar as necessidades do cliente.

As pessoas do negócio da música teriam dado risada se você tivesse dito que alguém do mundo da alta tecnologia talvez surgisse como seu salvador. Afinal, os computadores e a internet eram os inimigos que destruíam seu meio de vida. Qualquer outro guru da tecnologia provavelmente teria falhado para superar essa resistência, mas Steve era Steve, e ele não só tinha razão, como também era persistente.

Ele e seu grupo da Apple insistiram que o problema da pirataria em relação à música era basicamente comportamental, e não tecnológico, como a indústria da música acreditava. Não era a tecnologia que devia ser responsabilizada, mas sim como as pessoas a estavam usando. Além disso, a tecnologia não iria desaparecer, e esperar que poderia ser posta sob controle era pior que autoilusão: era prejudicial.

Como Alex Salkever, jornalista da *Business Week*, escreveu em um artigo de abril de 2003: "Desde o início, Steve adotou uma abordagem que torna a compra de música on-line mais fácil, em vez daquela que torna a pirataria mais difícil". Em 2003, uma decisão da corte federal de que os serviços de compartilhamento de arquivos par-a-par tinham usos legítimos, muito além da pirataria, também pareceu apoiar o argumento "comportamento e não tecnologia" de Steve.

Steve percebeu que a tentativa de reprimir o "inimigo" — todas as pessoas que faziam o download ilegal de música — era inútil, uma perda de tempo, condenada ao fracasso e, provavelmente, levaria as gravadoras ao colapso.

Anteriormente, os argumentos fundamentados tinham representado pouco para superar a hostilidade das gravadoras. Não havia dúvida de que a nova tecnologia era disruptiva, e tinha quase destruído os modelos financeiros estabelecidos da indústria da música.

Steve disse às gravadoras que a sobrevivência era possível, mas só se elas estivessem dispostas a tentar algo novo. Nada fica igual em negócios, e o único modo de fazer frente à inovação é com mais inovação.

O fato de Steve não vir de uma posição de força não o deteve. Naquele momento, a participação de mercado da Apple era ainda de apenas 3%, e, como Hilary Rosen, que comandava a RIAA na época, disse com considerável franqueza: "A Apple tinha uma participação de mercado tão pequena, que tornava o risco [das gravadoras] muito baixo".

A experiência dos líderes do setor mostrou que as pessoas do mundo da tecnologia tinham pouca compreensão da indústria da música, da sua estrutura, ou da sua base financeira. Steve era diferente. Ele tinha feito seu dever de casa e veio com a compreensão de um conhecedor profundo, graças ao seu entendimento bastante rápido dos fundamentos do negócio. Também não prejudicava o fato de que Steve podia pegar o telefone e fazer perguntas para músicos famosos, como Bono e Mick Jagger.

No final, o que prevaleceu? Como Rosen descreveu, o acordo com a indústria da música aconteceu "por causa da força de vontade absoluta de Steve. Seu carisma e sua intensidade fizeram a diferença". Um executivo da EMI podia aparentemente não fazer nada, exceto falar a respeito de como Steve era incrível, semanas após semanas.

Quando a poeira baixou, Steve conseguiu o que os líderes da indústria não foram capazes de fazer entre eles: convencer as cinco grandes gravadoras a chegar a um arranjo único. Todas estavam de acordo: Steve teria a permissão de oferecer o catálogo deles por meio da nova iTunes Music Store, da Apple.

As cinco grandes também se protegeram, estipulando que o prazo do primeiro contrato com a iTunes Music Store teria duração de apenas um ano, a menos que fosse renovado.

A indústria da música conseguia se relacionar com um homem de negócios tão obcecado por design e estilo como Steve, um executivo ainda jovem, que tinha a combinação improvável de conhecimento tecnológico, amor pela música e compreensão completa da indústria da música.

Naturalmente, a iTunes Music Store foi um sucesso tão estrondoso que nenhum dos chefes das gravadoras teria sonhado em exercer o direito de não renovação do contrato. No final do ano, eles estavam alinhados, com as canetas nas mãos.

Tornando-se divulgador do seu próprio produto

Steve Jobs não tem a patente sobre a disseminação da inovação, mas, como em outras coisas, ele nos fornece um modelo. Continuamente, verifico se estou pensando em termos de desenvolvimento do Produto Total, ficando aberto a todas possíveis fontes de ideias, dentro ou fora da minha empresa. Como divulgador do meu próprio produto, procuro abordar cada sugestão capaz de melhorar o produto com uma atitude do tipo "Yes, we can" ("Sim, nós podemos"); a atitude em que cada ideia merece receber a devida consideração, não sendo rejeitada peremptoriamente.

Como eu, você precisa se lembrar de ficar aberto a estímulos não só do seu pessoal, mas de outras pessoas, sempre tendo consciência de que você é o divulgador do seu produto — disseminando até para relações imprevistas, incluindo pessoas de fora do setor e pessoas que não seriam clientes potenciais do produto. Divulgo minhas ideias a todos elas. Estímulos incríveis vieram de pessoas que mal conheço.

O critério para o próprio produto, e toda melhoria concebível, é "isso ajudará o comprador?" E o principal modo de responder a essa pergunta é: "Pessoalmente, vou querer esse recurso; vou querê-lo e usá-lo?". Se a resposta for não, será o fim do caminho.

Como Steve, entendo uma ideia muito melhor quando ela é apresentada *visualmente* para mim. Falo ao meu pessoal: "Me tragam suas ideias na forma de modelo ou protótipo, ou numa demonstração que posso ver no computador. Só me contar, ou me entregar uma descrição, significa que preciso tentar imaginar o que está na mente de vocês. Sempre que possível, preciso *ver*".

Na fase do projeto do produto, me lembro de pensar primeiro em termos de desenvolver o Produto Total na própria empresa. E quando isso não é possível — há motivos convincentes de alguns elementos importantes virem de fornecedores externos — ainda preciso ter certeza de que o produto funcionará tão bem quanto se fosse projetado por nós mesmos. A tecnologia externa é boa desde que eu tenha o controle que assegura que o Produto Total funcionará como o previsto.

PARTE IV

FICANDO *COOL*: UMA VISÃO DIFERENTE DE VENDA

CAPÍTULO 11

O abridor de portas:

o branding

Steve Jobs e Steve Wozniak começaram a Apple na grande tradição do Vale do Silício, atribuída aos fundadores da HP, Bill Hewlett e Dave Packard, de dois rapazes em uma garagem.

É parte da história do Vale do Silício que, certo dia, durante aquele período inicial na garagem, Steve Jobs viu um anúncio da Intel que utilizava imagens que todos conseguiam entender, itens como hambúrgueres e fichas de pôquer. Os termos técnicos e os símbolos estavam ausentes. Steve ficou tão impressionado com a abordagem, que decidiu descobrir quem tinha criado o anúncio. Ele queria esse mágico para tecer o mesmo encanto para a marca Apple, visto que a Apple ainda estava voando abaixo do alcance do radar.

Steve ligou para a Intel e perguntou quem era o responsável pela propaganda e relações públicas. Descobriu que o gênio por trás dos anúncios era um homem chamado Regis McKenna. Ele ligou para a secretária de McKenna para marcar uma entrevista, mas não teve sucesso. Mesmo assim continuou ligando; quatro vezes por dia, todos os dias. Finalmente, a secretária implorou para que seu chefe recebesse Steve, só para se livrar dele.

Steve e Woz apareceram no escritório de McKenna para conversar. McKenna escutou com atenção e lhes informou que não estava interessado na proposta deles. Steve não se moveu do lugar. Continuou falando para McKenna como a Apple seria grande, tão grande quanto a Intel. McKenna foi muito educado e não lhes indicou a porta de saída; finalmente, a persistência de Steve prevaleceu e McKenna concordou em assumir a Apple como cliente.

Bem, é uma boa história. Mas, apesar de ser narrada em diversos livros, não aconteceu realmente dessa maneira.

Regis conta que começou numa época em que os anúncios de tecnologia vendiam os detalhes técnicos dos produtos. Quando ele conquistou a Intel como cliente, conseguiu a aprovação deles para criar anúncios que fossem "coloridos e divertidos". A jogada brilhante foi contratar "um diretor criativo, habituado a produtos de consumo, que não conseguia distinguir um microchip de uma batata chip". Assim, ele criou anúncios que chamavam a atenção, ainda que, para Regis, convencer os clientes nem sempre era fácil. "Foi muito difícil vender a ideia para Andy Grove e as outras pessoas da Intel."

Era o tipo de criatividade que Steve Jobs estava procurando. Na primeira reunião, Woz mostrou a Regis um texto que escrevera como base para um anúncio. Estava recheado de linguagem técnica e "Woz ficou reticente a respeito do fato de alguém 'reescrever' seu texto". Assim, Regis disse que achava que não podia fazer nada por eles.

Isso era típico de Steve: saber o que queria e não desistir. Depois da rejeição inicial, ele ligou e marcou outro encontro; dessa vez, sem contar para Woz. Na segunda reunião juntos, Regis ficou com uma impressão diferente de Steve, e falou sobre ela ao longo dos anos: "Frequentemente, digo que as únicas pessoas visionárias de verdade que já conheci no Vale do Silício foram Bob Noyce (da Intel) e Steve Jobs. Jobs louvava muito Woz por ele ser o gênio de engenharia, mas foi Jobs quem conquistou a confiança dos investidores e continuou a projetar e impulsionar a visão da Apple".

Steve saiu da segunda reunião com um acordo de Regis para assumir a Apple como cliente. "Steve era muito persistente quando queria alguma coisa. De vez em quando, era difícil para mim sair das reuniões com ele", revela Regis.

(Como observação marginal: para conseguir financiamento para o negócio, Regis mandou Steve conversar com Don Valentine, capitalista de risco, que, na ocasião, era sócio-geral da Sequoia Ventures. "Don me ligou mais tarde", Regis se lembra, "e perguntou: 'Por que você me manda esses renegados da raça humana?'" Mas Steve também o conquistou. Valentine não quis investir nos "renegados", mas os mandou para Mike Markkula, que deu início à empresa com um investimento do próprio bolso, e se tornou sócio igualitário aos dois Steves. Ele também os estabeleceu com a primeira rodada importante de financiamento, por meio de Arthur Rock, banqueiro de investimento, e, depois, como vimos, Markkula se tornou presidente-executivo interino.)

Para mim, há mais uma característica notável desse episódio de Steve procurando Regis e, depois, convencendo-o a aceitar a Apple como cliente. É que Steve, ainda muito jovem e, na época, muito menos experiente do que você, leitor, provavelmente é, entendeu de certo modo o valor crítico do branding (gestão e construção de marcas). Nenhum curso universitário, nenhuma graduação em negócios, nem ninguém em sua criação que tenha sido gerente ou executivo do mundo empresarial, de quem Steve poderia ter tirado lições. Mas, ele, de certo modo, entendeu desde o início que a Apple só faria sucesso se ficasse conhecida como marca.

A maioria das pessoas do mundo empresarial que conheci ainda não entendeu esse princípio diretivo.

Steve e a arte do branding

A escolha da agência de publicidade para trabalhar com Regis no estabelecimento da Apple como marca, um nome que todos viriam a conhecer, não era um grande desafio. Fundada em 1968, a Chiat/Day fazia alguns dos comerciais mais criativos de todos os tempos. A jornalista Christy Marshall fez essa bela descrição a respeito da agência: "Um lugar em que o sucesso gera arrogância, em que o entusiasmo beira o fanatismo e em que a intensidade parece suspeitamente neurose. Também é uma espinha atravessada na garganta da Madison Avenue (em Nova York, avenida onde se concentram as principais agências de publicidade dos Estados Unidos), que considera seus anúncios inventivos, muitas vezes instigantes, como irresponsáveis e ineficazes — e, em seguida, os copia". (A Chiat/Day foi a agência que produziu o comercial "1984", da Apple, e a descrição da jornalista dá uma pista de por que Steve a escolheu.)

Para alguém que sempre precisa de propaganda inteligente e inovadora, e tem coragem de usar uma abordagem contundente e arrojada, a descrição da jornalista fornece uma lista incomum, mas fascinante, a respeito do que procurar.

Lee Clow, publicitário da Chiat/Day que idealizou o anúncio "1984", e atualmente diretor da TBWA, conglomerado mundial de propaganda, possui seu próprio estilo no cuidado e alimentação das pessoas criativas. Elas são, ele afirma, "metade ego e metade insegurança. Constantemente, precisam ser lembradas de que são boas e amadas".

Quando Steve encontra uma pessoa ou uma empresa que satisfaz seus padrões exigentes, ele se torna muito leal. Lee Clow explica que é comum as grandes empresas trocarem subitamente de agências de propaganda, mesmo após anos de campanhas muito bem-sucedidas. Mas, em relação à Apple, ele afirma, a situação foi muito diferente. Foi "um negócio muito pessoal desde o início". A atitude da Apple sempre foi "enquanto tivermos sucesso, vocês terão sucesso. Enquanto fizermos bem, vocês farão bem". E vocês só perderão a conta se sairmos do negócio.

O que Clow estava descrevendo é o modo de Steve Jobs ser leal aos seus designers e equipes de criação desde o início e ao longo dos anos. Clow chama essa lealdade como "uma maneira de ser respeitado por suas ideias e sua contribuição".

Steve demonstrou a lealdade que Clow estava falando em sua relação com a Chiat/Day. Quando Steve saiu da Apple para começar a NeXT, a chefia da Apple rapidamente rejeitou a escolha dele em relação à agência de publicidade. Dez anos depois, uma das primeiras decisões de Steve quando voltou a Apple foi recontratar a Chiat/Day. Os nomes e as caras haviam mudado ao longo dos anos, mas a criatividade ainda estava ali, e Steve ainda tinha aquele respeito fiel pelas ideias e pela contribuição deles.

O personagem emblemático

Poucas pessoas conseguem se tornar famosas, com capas de revista, artigos de jornal e reportagens de tevê estampando seus rostos. A maioria das pessoas que consegue são políticos, esportistas, atores ou músicos. Esse tipo de status de celebridade não é algo que alguém do mundo empresarial esperaria alguma vez. Para Steve, isso aconteceu naturalmente.

À medida que a Apple cresceu, Jay Chiat, o chefe da Chiat, continuou um processo que já tinha começado por sua própria conta: promover Steve como a "cara" da Apple e dos seus produtos, do mesmo modo que Lee Iacocca havia se tornado durante os anos da recuperação da Chrysler. Desde os primeiros dias da empresa, Steve — o inspirado, difícil e polêmico Steve — foi *a* cara da Apple.

Nos primeiros tempos, quando o Mac não estava vendendo bem, disse a Steve que a empresa deveria fazer comerciais protagonizados por ele, do jeito que Lee Iacocca fazia com tanto sucesso para a Chrysler. Afinal, Steve tinha aparecido em tantas capas de revistas que era muito mais reconhecível que Lee tinha sido quando os comerciais da Chrysler começaram a ser veiculados. Steve gostou da ideia, mas era voto vencido em relação aos executivos da Apple, que tomavam as decisões de propaganda.

A verdade é que os primeiros Macs tinham pontos fracos, muito comuns na maioria dos produtos. (Considere apenas a primeira geração de quase tudo da Microsoft.) A facilidade de utilização do Mac era facilmente eclipsada pela memória limitada e pelo monitor branco e preto. A quantidade já considerável de adeptos e profissionais criativos das indústrias do entretenimento, publicidade e design fiéis à Apple deram a máquina um impulso de vendas inicial. O Mac, então, despertou o fenômeno de editoração eletrônica tanto entre os amadores como entre os profissionais.

O fato de que o Mac portava uma etiqueta "Made in the USA" também ajudou. A unidade de montagem do Mac, em Freemont, estava localizada onde uma fábrica da General Motors — no passado, a base econômica da região — estava prestes a ser fechada. A Apple se tornou uma empresa muito estimada em nível local e nacional.

Naturalmente, o Macintosh e a marca Mac criaram uma Apple totalmente nova. No entanto, esse brilho desapareceu após a saída de Steve, com a Apple regredindo a uma empresa de informática comum, vendendo através de canais de venda tradicionais como todos os concorrentes, e levando em conta a participação de mercado e não a inovação do produto. A única boa notícia era que os adeptos do Macintosh permaneceram fiéis ao longo desse período difícil.

Mais construção de marca

Ao estudar Steve Jobs para lições da arte de branding, você logo constata que ele possuía uma capacidade de artesão-mestre para criar uma imagem de produto consistente e positiva nas mentes dos clientes. Ele combinava a tenacidade resoluta com a intuição do que exatamente era necessário para fazer o público sentir-se fascinado por um produto. Ele entendia que isso não era apenas uma questão de quão bem o produto era projetado e quão naturalmente ele funcionava — embora esses fossem, é claro, fatores decisivos —, mas de como ele era percebido pelo usuário, que, naturalmente, era a chave para o sucesso do produto.

Em 1976, quando Steve lançou o Apple II, ele tornou Dick Cavett, famoso apresentador de *talk-show*, o primeiro porta-voz célebre da empresa; Cavett tinha imensa credibilidade entre o mercado-alvo qualificado do Apple II. Em 1980, o Apple II tinha 80% de participação de mercado, e era um produto tão poderoso que os desenvolvedores criaram mais de cem aplicativos para uso nele.

De fato, o sucesso impressionante do branding relativo ao Apple II — a estima que a imprensa dedicou à Apple (e também a Steve) — foi o que levou a IBM a decidir ingressar no mercado de PCs. A IBM não era exatamente uma recém-chegada à arena: eu tinha visto um computador pessoal nos laboratórios da IBM já em 1976. No entanto, a IBM estava no negócio de alugar mainframes para grandes empresas e não entendia o mercado consumidor. Inicialmente, ter a IBM como concorrente deixou Steve nervoso, mas a IBM nunca entendeu as coisas que para Steve eram quase instintivas. O primeiro IBM PC foi lançado em 1981; a IBM fechou sua unidade de PCs nove anos depois.

Enquanto isso, a Apple, surgida do nada, ascendeu ao nível santificado da Fortune 500 num período de tempo menor que qualquer outra empresa na história.

Mantendo-se fiel ao que funciona

As associações de Steve com Regis McKenna e Jay Chiat deram a todos eles oportunidades enormes para a criatividade que continuava a caracterizar a marca Apple. O comercial "1984" foi apenas o começo. Após o retorno de Steve, a Chiat/Day designou Lee Clow, diretor de arte inovador, como responsável pela conta da Apple. Ele criou outro gol de placa com a campanha "Think Different" ("Pense Diferente"), da Apple, que se tornou muito popular.

Mais recentemente, as figuras escuras usando iPods, em silhueta contra fundos coloridos, tanto nos anúncios impressos como nos outdoors, tornaram-se imagens da mesma forma indeléveis na mente do público.

No ramo da propaganda, a longevidade é a exceção à regra. Como Lee Clow destacou, Steve define um modelo para a lealdade: se estiver funcionando, não crie problemas. A Chiat/Day, que se uniu com a TBWA, e, atualmente, integra o conglomerado de propaganda OMD Worldwide, ainda é a agência da Apple. De fato, construiu um Media Arts Lab (Laboratório de Artes Midiáticas), algo reservado, em sua sede, em Playa Del Rey, para testar inovações criadas especialmente para a conta da Apple.

A Apple é um exemplo importante de recompensas quando você obtém a equação certa: produtos que as pessoas querem *e* grande branding, o abridor de portas para despertar as pessoas para os produtos.

CAPÍTULO 12

Atravessando o rolo compressor do varejo

Em 1996, Steve estava dividido quando recuperou sua influência — e a Apple — depois do seu retorno. Usava sua experiência empresarial agora aprimorada para reformular a linha de produtos e adaptar a empresa a um tamanho de sobrevivência. Ao mesmo tempo, preparava o terreno para o que poucos considerariam visionário e muitos considerariam insensato: o ingresso no varejo.

Steve tinha a visão de estar diretamente conectado com os clientes da Apple. Steve Jobs, sem nenhum *background* varejista e nenhum conhecimento real de como o varejo funcionava, iria tentar eliminar os intermediários. Algumas semanas depois do seu retorno, ele começou um dos seus projetos mais arriscados de todos os tempos.

As grandes redes de produtos de informática e outros revendedores ficavam com 35% a 40% da receita de cada produto da Apple que vendiam. Por meio dos seus negócios com a Disney, Steve vivenciou o elo final em seu crescente apreço de vender diretamente para o consumidor, descobrindo o fogo dentro de si como comerciante para o público.

Ele constituiu uma equipe para trabalhar numa abordagem de tecnologia. Em novembro de 1997 — menos de um ano após sua sagração como novo chefe da empresa e eras à frente do setor do varejo — a Apple inaugurou sua loja on-line. O prazo incrivelmente curto se tornou possível, em grande medida, devido ao uso do software que Steve havia trazido com ele: o WebObjetcs, um servidor e um framework que fora desenvolvido na NeXT. Em breve, Steve estaria divulgando que a nova loja on-line Apple.com tinha recebido pedidos de 12 milhões de dólares *em seu primeiro mês.*

Insight

As vendas on-line foram uma boa notícia, mas as vendas mediante o canal de varejo tradicional continuavam a ser uma frustração. A participação de mercado da Apple em relação a computadores estava num impasse. Um dos principais problemas, Steve acreditava, era o modo pelo qual os produtos da empresa eram vendidos. As lojas das grandes redes de produtos de informática não davam para a Apple o melhor espaço de prateleira ou expositores especialmente atraentes. Além disso, as redes tinham pouco senso de estilo e sofriam de alta taxa de rotatividade de pessoal de vendas. Ao mesmo tempo, a maioria dos compradores procurava o melhor negócio e tinha muito pouca fidelidade à marca; situação muito parecida com a da época do lançamento do Mac, em 1984.

Como vimos a respeito da reação de Steve com a ideia de entrega direta da FedEx, ele acreditava, havia muito tempo, que poderia ser capaz de aumentar a participação de mercado se a Apple fosse capaz de fazer sua própria distribuição e vendas. Ele estava mais convencido do que nunca que a Apple e o Mac eram poderosos, mas não estavam sendo explorados corretamente.

O Apple II foi, desde o princípio, pessoas comprando um produto que adoravam. Ao longo dos anos, os usuários do Mac se organizaram em um culto à Apple. No entanto, o marketing das megalojas visava o mínimo denominador comum. Então, Steve decidiu fazer algo que ele fazia melhor: alguma coisa nova, relativa à liderança ao estilo Steve Jobs.

Em 2007, numa entrevista para a *Fortune*, ele explicou seu raciocínio: "Comecei a ficar com medo. A empresa dependia cada vez mais dos megavarejistas; empresa que tinha pouco estímulo... para posicionar os produtos da Apple como algo único". Sua conclusão, ele afirmou, foi que "nós tínhamos de fazer alguma coisa, ou seríamos uma vítima das placas tectônicas. Nós precisávamos inovar aqui".

Saltando no varejo

Steve tomou a decisão arrojada de descobrir uma estratégia de varejo para se conectar diretamente com os clientes. O caminho prometia ser acidentado.

Anteriormente, a Apple tentara vender por meio das lojas da CompUSA, onde se criaram departamentos exclusivos da Apple dentro de cada loja; a tentativa revelou-se um erro crasso. No mesmo ano, 2001, a rede Gateway cortou em 10% a quantidade de lojas, e, em 2004, saiu completamente do setor. Como as redes estabelecidas estavam fechando, parecia o pior momento possível para se tornar um varejista do setor de informática, principalmente a um iniciante.

Mas Steve não estava dando um salto no vazio, como muitos dos seus concorrentes teriam gostado de acreditar. Quando o assunto era caça de talentos, Steve Jobs fornecia um grande modelo para todos nós. Ele mobilizou suas habilidades para atrair talentos para a tarefa menos técnica, mas igualmente desafiadora de criar uma equipe de varejo de alta qualidade. Inicialmente, ele consultou pessoas que respeitava e vasculhou ao redor. A investigação o levou a um homem chamado Ron Johnson, com MBA em Harvard, que era, então, vice-presidente de comercialização da Target. Ele foi reconhecido como o responsável pela iniciativa altamente bem-sucedida dos produtos com "design de preço acessível" da Target, que começou com um belo e barato bule de chá de autoria de Michael Graves, e, logo, tornou-se parte integrante da marca Target.

A essa altura, você entende que Steve era um recrutador fora de série. Não era nada fácil dizer não para ele, pois Steve entendia como tornar todo convite que ele apresentava parecer quase irresistível; o exemplo icônico era a frase sobre vender água açucarada ou acompanhá-lo para mudar o mundo.

Em breve, Johnson estava no caminho para Cupertino, tornando-se vice-presidente-sênior para varejo de Steve, com a missão de criar a nova operação varejista para a Apple.

A investigação de Steve também o levou até Mickey Drexler, presidente-executivo da Gap, considerado o melhor dos melhores. Desde o início, Steve devia saber que Drexler não desistiria do cargo de presidente-executivo de uma empresa de 15 bilhões de dólares para assumir uma vaga de vice-presidente da Apple, mas posso imaginar o sorriso de Steve no fim da conversa. Drexler concordara em aceitar um cargo no conselho de administração da Apple. Isso significava que Steve teria o benefício dos conselhos de Drexler à medida que ele avançava em seus objetivos associados ao varejo.

Novamente, Steve Jobs demonstrou ser um recrutador eficaz e brilhante.

Aplicando o modelo de protótipo

O desafio de Johnson era levar os produtos da Apple direto ao consumidor, criando uma rede de lojas da Apple. Ele não tinha de procurar longe por um modelo, nem Steve queria que ele fizesse isso. Eles tinham uma loja em seu próprio quintal. A loja dos funcionários da Apple, inaugurada em 1984, na Bandley Drive, em Cupertino, tinha todos os produtos da Apple expostos de modo atraente, e os clientes-funcionários eram convidados a testá-los. Era mais um centro de demonstração prático do que um espaço de varejo tradicional.

Esse espírito seria transferido intacto para as novas lojas. Seriam espaços em que o cliente poderia experimentar os produtos e comprá-los, sem nenhuma pressão. Steve insistia em vender seus produtos da sua maneira.

Mickey Drexler, da Gap, aconselhou Steve a construir uma loja-protótipo, em um depósito, antes de tentar projetar uma para o mundo exterior. Dessa maneira, a Apple podia cometer seus erros em particular. E erros foram cometidos, sem dúvida.

Ao entrar na primeira loja-protótipo, Steve ficou contrariado. A loja tinha os produtos arranjados por tipo e categoria. Isso podia fazer sentido para um funcionário da Apple, mas criava uma dificuldade ao cliente da Apple encontrar o que realmente queria comprar. Nos meses seguintes, a loja-protótipo original foi posta fora de operação e uma nova foi construída em seu lugar.

Enquanto isso, Steve e sua equipe enfrentavam a questão da localização das lojas. Todos que já tiveram uma loja sabem que o fator básico é o mesmo exposto na antiga máxima do corretor de imóveis a respeito dos três fatores mais importantes na compra de uma casa: "Localização, localização e localização".

A decisão tomada foi instalar as primeiras lojas em shopping centers sofisticados, basicamente o oposto da estratégia seguida pela Gateway. A Apple sempre consistiu em estilo de vida e identificação com o cliente, e as Apple Stores refletiriam esse fundamento de todas as maneiras. O objetivo era criar uma grande experiência de compra, que poderia aprimorar e expandir o senso da comunidade baseada em Apple, transformando-se de um culto em um movimento de massa.

Momento de inauguração

Em 15 de maio de 2001, a convite de Steve, um grupo de jornalistas conheceu a primeira Apple Store situada no Tysons Corner Center, em McLean, na Virgínia — os primeiros locais escolhidos foram algo fora dos pontos tradicionais. Apesar do projeto e do planejamento esmerados, se Steve estivesse esperando que o evento tivesse o sucesso das suas apresentações anuais arrebatadamente consagradas na Macworld, ele ficaria bastante decepcionado. A Apple Store estava longe de ser uma das lojas-âncora do shopping center. Após subirem ao segundo andar e darem uma olhada na loja, situada perto de uma loja L.L. Bean, muitos dos jornalistas ficaram céticos e pouco impressionados. Durante um tempo, parecia que as impressões negativas deles podiam estar corretas.

Minha reação inicial ao entrar na loja foi de entusiasmo sereno. O lugar parecia tão bem projetado, tão convidativo e tão bem organizado que você sabia imediatamente aonde se dirigir para encontrar aquilo que queria. Edição de vídeo em uma área, fotografia digital em outra, produtos de música em sua própria seção, áreas de jogos ao longo das laterais da loja. Cada área estava tão bem estocada com produtos arrumados para você testar sem pressa, divertir-se, apreciar, sem ninguém perturbando-o para tomar a decisão de comprar. O pessoal da loja era muito bem treinado; muito cuidado foi tomado em relação a cada elemento e você podia sentir isso. Saí com a impressão de que o lugar devia ser chamado de "loja do Steve" — como um elogio. Pensei: *ele entendeu bem. Isso não vai acabar em fracasso.*

No passado, a IBM tinha aberto lojas para venda do IBM PC. A Big Blue, muitas vezes maior do que a Apple, com muito mais recursos à disposição, evidentemente não tinha feito o tipo de pesquisa e recrutamento de Steve.

Imaginei pessoas saindo daquela primeira loja Apple com seu novo iMac, iPod ou acessório, e pensando: "Devia comprar alguma coisa da Apple — ou mais alguma coisa da Apple".

Uma loja situada em outro shopping center luxuoso, o Galleria, em Glendale, na Califórnia, abriu quatro dias depois.

Para uma empresa de *software* e *hardware*, entrar no setor de varejo não parecia um movimento óbvio. Muitos analistas da imprensa de negócios tinham certeza de que a ideia da Apple abrir suas próprias lojas era um desatino de Steve. Afinal, que experiência de varejo Steve e a Apple tinham? Nenhuma, ou quase nenhuma, e novos negócios de varejo possuíam um alto índice de fracasso, principalmente quando iniciados por pessoas novas no setor. Dessa vez, Steve, o garoto prodígio, tinha dado um passo maior do que as pernas.

A *BusinessWeek* saudou a iniciativa com a manchete: "Sinto muito, Steve, eis por que as lojas Apple não funcionarão". Um importante consultor para varejo previu que a operação seria forçada a fechar as portas em alguns anos, com a Apple absorvendo perdas consideráveis da sua tentativa equivocada de eliminar os intermediários e vender diretamente ao consumidor.

Com as Apple Stores, Steve Jobs estava dando mais um passo gigante no caminho de vender diretamente ao consumidor. Foi uma direção que inúmeras empresas de produtos tentaram, a maioria com pouco sucesso. Muitas pessoas esperavam para ver se, dessa vez, o conceituado líder da Apple daria um mergulho de barriga.

Apesar das previsões terríveis dos especialistas do setor de varejo e outros, a loja da Virgínia fez mais de 7 mil vendas em seu primeiro dia. E era só o começo.

A Apple, no outono de 2010, possuía mais de trezentas lojas, até mesmo na China. A loja-mostruário da Quinta Avenida, em Manhattan, fica aberta 24 horas, todos os dias do ano. E você não ficará surpreso ao saber que as lojas mereceram diversos prêmios de design.

Depois que os primeiros resultados serviram como prova de conceito, as Apple Stores continuaram a ser montadas em shopping centers sofisticados mais acessíveis. Steve não ficou limitado à sua estratégia imobiliária original. Diversas megalojas autônomas foram instaladas em cidades tão diversas como Nova York, Londres, Paris, Munique, Tóquio e Xangai. Do outro lado do espectro, lojas menores foram estabelecidas em áreas de grande movimento, como a Market Street, em San Francisco, uma iniciativa para atrair usuários de PC à tribo da Apple. *Estou passando de qualquer jeito, e entrar na loja só vai ocupar poucos minutos do meu dia.*

Levou um tempo, mas as lojas se tornaram uma das grandes histórias de sucesso do varejo de todos os tempos. Em 2006, as lojas, em média, geraram mais de 43 mil dólares em vendas por metro quadrado por ano, quase cinco vezes o número equivalente da Best Buy e um volume de negócios muito melhor que o obtido por ícones do varejo como Tiffany e Saks, na Quinta Avenida, próxima da *flagship* da Apple, em Manhattan. Em seu terceiro ano de operação, as Apple Stores alcançaram vendas de um bilhão de dólares por ano, mais rapidamente que qualquer outra operação de varejo da história. Apenas dois anos depois, chegavam a esse valor a *cada trimestre*; bem antes do lançamento do iPhone, em 2008.

Ao criar as Apple Stores, e assumir o controle de toda a cadeia de valor, desde o conceito do produto até o ponto de venda, passando pela manufatura, Steve transformou a Apple em uma Disney de alta tecnologia; exatamente o que ele estava almejando.

Projetando lojas para o cliente

O design, o item principal em todos os produtos de Steve, foi fundamental na criação das lojas. Os clientes ficam enamorados com quase tudo associado à Apple, mesmo se não souberem exatamente por quê.

Em termos das lojas próprias, a equipe de design da Apple colaborou com alguns dos escritórios de arquitetura mais importantes do mundo, na criação de design gráfico e layout dinâmico, de ponta. Os fornecedores e os empreiteiros, mesmo aqueles no topo do seu setor profissional, afirmam que precisavam subir de nível quando trabalhavam com Steve.

Como a loja para funcionários, as Apple Stores criam uma sensação de centros de demonstração, que também, por acaso, vendem produtos. E quando você encontra alguma coisa que quer, não tem de esperar na fila para pagar. Todo o pessoal possui leitores portáteis de cartão de crédito, que permite ao consumidor pagar imediatamente.

Tudo acerca das Apple Stores, dos produtos à experiência de compra, passando pelos reparos, é amigável ao usuário. Uma das grandes inovações de Ron Johnson, ex-executivo da Target, foi o Genius Bar. Até o nome é genial. Johnson pediu que pesquisadores perguntassem às pessoas onde tinham recebido o que consideravam a melhor experiência de serviço de todos os tempos. Quase todas mencionaram os prazeres de se hospedar em um bom hotel.

Johnson teve uma iluminação: o que as Apple Stores precisavam era um serviço de *concierge*, cuja função principal era ajudar os clientes que tinham um problema com seu produto da Apple; mesmo quando o problema envolvesse uma pergunta tola, com uma resposta óbvia, sobre como utilizar o aparelho. Mas escute as conversas no Genius Bar por alguns minutos, e você perceberá que, para as pessoas que trabalham ali, não há perguntas tolas.

Você tem um produto da Apple que está com defeito? Se o funcionário não puder consertar o produto (desde que não tenha sido maltratado ou que tenha caído no chão), muito provavelmente ele vai lhe dar um novo em troca.

De maneira inacreditável, não se cobra nada por treinamento, reparos ou trocas.

Colocando a marca nas pessoas

Em 2010, dos 46 mil funcionários da Apple, mais da metade trabalhava nas lojas. Todo pessoal da Apple Store é treinado para entender o que a marca Apple representa e adotar os valores da empresa. Os vendedores são a face que qualquer empresa apresenta aos seus clientes.

Como a Apple enfatiza em seu texto de recrutamento on-line: "Quer você esteja conduzindo um seminário gratuito, ensinando numa sessão de treinamento pessoal One to One ou dando assessoria técnica especializada no Genius Bar, há uma coisa que você certamente vai ver: as expressões das pessoas se iluminando quando você lhes mostra algo que elas nunca acharam que conseguiriam fazer. Você ficará acostumado com isso, mas você nunca se cansará disso".

Quantas empresas nos Estados Unidos — ou em todo o mundo — podem honestamente utilizar um texto como esse em seu recrutamento?

É só um lembrete que a atitude do pessoal de linha de frente tem um longo caminho para formar a opinião que os clientes fazem da empresa.

Reinventando as linhas de produtos

As grandes empresas de eletrônicos do passado, como a General Electric, desenvolviam e vendiam centenas, até milhares, de produtos. A Apple tem menos de vinte; um número quase inacreditavelmente pequeno para uma empresa de 30 bilhões de dólares. (Diverte-me observar, além do número radicalmente pequeno de produtos que a Apple vende, o *tamanho* cada vez menor de muitos dos produtos em cada nova repetição.)

Steve considerava a capacidade de se concentrar em poucos produtos, que o público quer assim que coloca os olhos neles como a chave do sucesso da Apple. Nesse sentido, a base de clientes da Apple há muito tempo superou o "culto ao Mac" dos primeiros anos. Atualmente, quase todas as pessoas querem ser um cliente da Apple.

Ao criar um novo canal para vender produtos diretamente aos consumidores e eliminar os intermediários como Best Buy e Fry's,

Steve, basicamente, mudou toda face das vendas varejistas para computadores, tocadores de MP3 e telefones. A indústria de informática ia ter um tempo muito difícil de concorrência. Enquanto isso, todos os outros setores estão recebendo lições em vendas a varejo.

Agora, Steve criou uma estratégia completa do tipo direto ao consumidor, e a fez funcionar. A Apple é uma força importante on-line, com o iTunes, e nas Apple Stores. De maneira nenhuma, podia ter suspeitado que Steve, o comprador supremo, criaria a experiência de compra suprema.

A abordagem varejista de Steve também possuía um aspecto do tipo Cavalo de Troia, já que os produtos da Apple são compatíveis com o Windows. Se os clientes tiverem o Microsoft Exchange no seu iPhone, já estarão no meio do caminho para ter um Mac como seu próximo computador. E quando você compra ou atualiza um iPhone, em uma Apple Store, você pode contratar o serviço imediatamente sem ir a uma loja da AT&T. Nenhuma outra operadora fará isso; mesmo a AT&T não presta esse serviço para outras marcas de celular. É um exemplo clássico de compra de uma ampla seleção de produtos e serviços em um único lugar.

Steve controla sua marca porque é capaz tanto de vender efetivamente, como de desenvolver sua linha de produtos. Essa é a única maneira de conseguir assumir o controle total da marca.

É inacreditável na economia atual — com as falências de varejistas consagrados como Circuit City, Sharper Image, Mervyn's e Gateway — que um novo varejista tivesse um sucesso tão impressionante. Vender direto aos clientes e construir uma infraestrutura apropriada têm sido um dos desafios mais difíceis do mundo empresarial, e Steve dominou a atividade. Sua decisão de controlar totalmente o produto é fundamental para uma estratégia varejista de sucesso.

CAPÍTULO 13

Alcançando a definição de *cool*

"Há um aplicativo para isso"

Não há nada mais *cool* [bacana] no mundo dos negócios do que criar um produto que milhões de pessoas imediatamente querem, e muitos que não têm sentem inveja daqueles que têm.

E também não existe nada mais *cool* do que ser uma pessoa capaz de imaginar e criar um produto como esse.

Acrescente mais um elemento: criar uma série desses produtos incríveis não como um esforço distinto e isolado, mas como parte de um conceito prioritário de alto nível.

Encontrando um tema prioritário

Em 2001, na Macworld, a apresentação de Steve para uma plateia de milhares de pessoas, no Moscone Center, em San Francisco, e para uma incontável audiência por satélite em todo o mundo, pegou-me completamente de surpresa. Ele apresentou uma visão que cobriria os próximos cinco anos ou mais do desenvolvimento da Apple, e pude perceber para onde isso estava levando: uma central de mídia que você poderia conter na sua mão. Muitas pessoas consideraram a estratégia uma visão brilhante a respeito de para onde o mundo estava se encaminhando. O que ouvi, porém, foi uma extensão da mesma visão que ele expressara para mim, vinte anos antes, depois daquela visita ao Xerox PARC.

Na época da apresentação de 2001, a indústria do PC estava desmoronando; os profetas da desgraça apregoavam que o setor se dirigia para a beira do precipício. A apreensão de todo o setor, compartilhada pela imprensa, era que o PC estava ficando obsoleto, enquanto aparelhos como os tocadores de MP3, as câmeras digitais, os PDAs e os reprodutores de DVD não paravam nas prateleiras. No entanto, enquanto os rivais de Steve da Dell e da Gateway resignavam-se com essa ideia, Steve não.

Ele começou sua apresentação com uma breve história da tecnologia. A década de 1980 — a primeira idade do ouro do computador pessoal — foi chamada de era da produtividade. A década de 1990 foi a era da internet. A primeira década do século XXI iria ser a era do "estilo de vida digital", que seria condicionada pela explosão dos aparelhos digitais: câmeras, reprodutores de DVD... e celulares. Ele chamou isso de "Digital Hub". E, naturalmente, o Macintosh estaria no centro, controlando, interagindo e agregando valor a todos os outros aparelhos. (Você pode ver esse trecho procurando no YouTube por "Steve Jobs introduces the Digital Hub strategy" ["Steve Jobs apresenta a estratégia da Central Digital"].)

Steve reconheceu que somente um computador pessoal era engenhoso o suficiente para executar aplicativos complexos, que sua tela grande fornecia um suporte amplo para os usuários, e sua memória barata superava em muito o que qualquer um desses aparelhos podia oferecer individualmente. E ele foi transparente a respeito do roteiro da Apple.

Qualquer um dos seus concorrentes podia ter copiado esse esquema. Ninguém copiou, o que deu a Apple a liderança por anos: o Mac como uma Central Digital; o núcleo da célula, um computador poderoso, capaz de integrar diversos aparelhos, desde aparelhos de tevê até telefones, para que se tornassem uma parte contínua das nossas vidas cotidianas.

Steve não foi a única pessoa a ter utilizado o termo "estilo de vida digital". Na mesma época, aproximadamente, Bill Gates falava acerca do estilo de vida digital, mas sem sugerir que tinha qualquer ideia de aonde isso estava indo ou o que fazer com esse dado. Foi a convicção absoluta de Steve de que, se podia ser imaginado, podia ser construído. Nos anos seguintes, ele alinharia a Apple em torno dessa visão.

Tendo mais de uma responsabilidade

É possível ser capitão de um time e jogador de um outro ao mesmo tempo? Em 2006, a Walt Disney Co. comprou a Pixar. Steve Jobs tornou-se membro do conselho da Disney e recebeu metade do preço de aquisição de 7,6 bilhões de dólares, a maior parte sob a forma de ações da Disney, o suficiente para convertê-lo no maior acionista da empresa.

De novo, Steve mostrou do que ele era capaz. Muitos pensavam que sua dedicação a Apple significaria que ele seria uma presença invisível na Disney. Em vez disso, enquanto ele impulsionava o desenvolvimento de futuros produtos surpreendentes, ainda mantidos em segredo, ficava tão excitado quanto uma criança abrindo presentes na noite de Natal por causa do desenvolvimento de novos projetos da Disney-Apple. "Estamos conversando a respeito de muitas coisas", ele revelou a *BusinessWeek,* não muito depois que o negócio foi anunciado. "Vai ser um mundo muito estimulante, levando em consideração os próximos cinco anos."

Mudando de direção: caro, mas, às vezes, necessário

Enquanto Steve pensava sobre os passos necessários para a Central Digital, ele começou a notar que, para qualquer lugar que olhava, as pessoas faziam malabarismos com todos os seus novos aparelhos portáteis. Algumas pessoas guardavam um celular num bolso, um PDA num outro, e quem sabe também um iPod. E cada um desses aparelhos era um vencedor na categoria "feio". Você precisava quase se matricular num curso noturno, em uma faculdade local, para aprender a como usá-los. Poucos haviam aprendido mais que as funções mais básicas, necessárias.

Steve talvez não soubesse como a Central Digital, por meio do poder do Mac, poderia alimentar o telefone ou nosso estilo de vida digital, mas sabia que o contato pessoa a pessoa era um elemento fundamental. Havia um produto bem diante dele, para todos os lugares que ele olhava, que clamava por inovação. O mercado era imenso, e ele percebeu que o potencial era mundial e ilimitado. Uma coisa que Steve Jobs adorava, *adorava*, era assumir uma categoria de produto e sair com uma nova solução que abalasse a concorrência. E isso era o que ele fazia agora.

Ainda melhor, essa era uma categoria de produto madura para a inovação. Os celulares percorreram um longo caminho desde os primeiros modelos. Elvis Presley tinha um dos primeiros, que ficava guardado em uma maleta, e era tão pesado que havia uma pessoa da sua equipe destacada especialmente para carregar essa maleta. Quando os celulares se reduziram ao tamanho de um sapato masculino, isso pareceu um grande avanço, mas você ainda quase precisava das duas mãos para segurá-lo. Eles começaram a ser muito vendidos quando finalmente ficaram pequenos o suficiente para caber no bolso ou na bolsa.

Os fabricantes fizeram um grande trabalho tirando proveito de memórias mais poderosas, melhores antenas etc. Mas cometeram um erro no equacionamento da interface do usuário. Muitos botões de controle; em alguns casos, nenhum deles rotulados. Muitos recursos que ninguém imaginava como utilizar.

E os aparelhos eram grosseiros, mas Steve adorava isso. Permitia que ele fizesse algo melhor. Se todos odeiam algum tipo de produto, isso resulta em uma oportunidade para todo e qualquer Steve anticonvencional.

Superando as más decisões

A ideia de criar o celular pode ter sido fácil, mas o projeto não seria. A Palm já tinha se apossado precocemente do mercado com seu excelente Treo 600, unindo o BlackBerry com o celular. Os pioneiros haviam adorado.

Para diminuir o tempo de introduzir o produto no mercado, Steve tropeçou feio em sua primeira tentativa. Sua escolha pareceu suficientemente lógica, mas infringiu seu princípio, que chamei de Teoria do Produto Total: em vez de manter o controle de todos os aspectos do projeto, ele agiu de acordo com as regras estabelecidas do setor de telefones celulares. A Apple forneceria o *software* para o download de músicas da iTune Store, enquanto a Motorola criava o *hardware* e o *software* do sistema operacional.

O que resultou dessa mistura temível foi uma combinação de celular e tocador de música com um nome ridículo: ROKR. Em 2005, Steve manteve sua relutância sob controle quando apresentou o aparelho como "um iPod Shuffle em seu telefone". Mas ele já sabia: o ROKR era um horror, um produto natimorto, no que dizia respeito até aos mais ardorosos aficionados de Steve. A revista *Wired* ironizou em um artigo: "O design clama, 'Fui criado por um comitê'". O título na capa era: "Você chama isso de o telefone do futuro?".

Pior, o ROKR era feio; uma pílula amarga para um nome que se preocupava tanto com um design bonito.

Mas Steve tinha uma carta na manga. Ele logo soube que o ROKR ia ser um fiasco. Meses antes do lançamento, ele reuniu seu trio de líderes de equipe — Ruby, Jonathan e Avie —, e lhes disse que tinham uma nova missão: criar um celular, a partir do zero.

Enquanto isso, Steve começou a trabalhar na outra metade fundamental da equação: encontrar uma operadora de celular como parceira.

Para liderar, reescreva as regras

Como você faz para que as empresas o deixem reescrever as regras do seu setor, quando essas regras estão gravadas em pedra?

Desde os primeiros dias do setor de telefonia celular, as operadoras decidiam o curso da ação. Com multidões comprando celulares e enchendo os cofres das operadoras todos os meses, elas estavam na posição de decidir as regras do jogo. Comprar telefones dos fabricantes e oferecê-los com descontos para os clientes era um modo de fidelizar o comprador, em geral com um contrato de dois anos. As operadoras, como Nextel, Sprint e Cingular, ganhavam tanto dinheiro na prestação do serviço de telefonia que podiam se dar ao luxo de subsidiar o custo dos telefones, o que significava que estavam no comando e eram capazes de impor aos fabricantes os recursos que os telefones ofereceriam e como funcionariam.

Então, chegou esse sujeito estranho Steve Jobs, que se reuniu com os executivos de diversas operadoras. Às vezes, lidar com Steve significava ser paciente enquanto ele lhe falava tudo que achava que estava errado com sua empresa ou seu setor.

Steve fez a via-crúcis das empresas, dizendo à alta administração, para todos os fins práticos, que eles vendiam commodities e estavam no escuro em relação a como as pessoas se relacionam com sua música, seu computador e seu entretenimento. Mas não a Apple. A Apple entendia. E, então, ele anunciava como a Apple iria ingressar no mercado deles, mas sob um novo conjunto de regras: as regras de Steve. A maioria dos executivos não ficou interessada. Eles não deixariam ninguém bagunçar seu negócio, nem mesmo Steve Jobs. Um após o outro, diziam educadamente para ele dar o fora.

No final do ano de 2004 — com o lançamento do ROKR ainda meses à frente — ele não tinha encontrado uma operadora disposta a fechar um acordo nos seus termos. Dois meses depois, em fevereiro, Steve viajou a Nova York e se encontrou com os executivos da Cingular (depois adquirida pela AT&T) em uma suíte de um hotel, em Manhattan. Ele foi incisivo. O telefone da Apple estaria a anos-luz de distância de qualquer outro celular, Jobs lhes disse. Se ele não conseguisse obter o acordo que queria, a Apple competiria com eles, contratando a compra de minutos sem fio em grande quantidade e fornecendo serviço de operadora diretamente aos consumidores, como algumas operadoras menores já estavam fazendo. (Observe que Steve nunca ia a uma reunião com uma apresentação em PowerPoint ou pilhas de grossas notas explicativas, nem mesmo com um bloco de anotações. Ele guardava todos os fatos em sua cabeça, e, da mesma forma que na Macworld ou num lançamento de produto, Steve era ainda mais persuasivo, porque mantinha todos completamente concentrados no que estava dizendo.)

A Cingular mordeu a isca. Eles fecharam um acordo que colocou o fabricante do telefone — Steve — no comando, ditando os termos do contrato, mas só se a Apple vendesse uma quantidade imensa de telefones, trazendo muitos novos usuários para os serviços de telefonia da Cingular. Era uma aposta enorme. A confiança e a capacidade de persuasão de Steve ganharam mais uma vez.

A ideia de constituir uma equipe distinta, mantida isolada de todas as distrações e a interferência do resto da empresa, funcionou tão bem para o Macintosh que Steve continuaria a utilizar a mesma abordagem para todos os seus produtos importantes subsequentes. Enquanto o iPhone estava sendo desenvolvido, ele ficou muito preocupado a respeito da segurança, certificando-se de que os concorrentes não tomariam conhecimento antecipado de nenhum aspecto do design ou tecnologia. Assim, ele levou a ideia de isolamento ao extremo: cada equipe trabalhando em um aspecto do iPhone era isolada das outras.

Parecia excessivo, parecia impraticável, mas foi isso que ele fez. As pessoas que trabalhavam na antena não sabiam que botões de controle o aparelho teria. As pessoas trabalhando nos materiais que seriam utilizados para a tela e o gabinete não tinham acesso a nenhum detalhe do *software*, da interface do usuário, dos ícones da tela etc. E assim foi: você só sabia o necessário para desenvolver sua parte.

No fim de 2005, a equipe que trabalhava no iPhone defrontou-se com o desafio das suas carreiras. O produto estava longe de estar pronto, mas Steve já tinha fixado uma data para o lançamento: dali a quatro meses. Todos estavam tão cansados, tão estressados, que a irritação aumentava, com gritos ecoando pelos corredores. As pessoas se rendiam à pressão, afastavam-se, iam para casa e colocavam o sono em dia; voltavam alguns dias depois e recomeçavam a partir do ponto que tinham largado o serviço.

Com o tempo se esgotando, Steve requereu uma demonstração completa.

Não deu certo. O protótipo não funcionou. As ligações caíam, a bateria não carregava corretamente, os aplicativos apresentavam tantos defeitos que pareciam semiacabados. A reação de Steve foi calma e tranquila. Os membros da equipe estavam acostumados com suas explosões, mas dessa vez foi diferente. Eles sabiam que o tinham deixado desapontado, que tinham falhado em satisfazer as suas expectativas. Eles saíram da demonstração sentindo que mereciam uma explosão que não acontecera, e isso, de certo modo, pareceu quase pior. Eles sabiam o que tinham de fazer.

Algumas semanas depois, com a Macworld próxima e o lançamento do iPhone marcado para dali a algumas semanas, e com boatos a respeito de um produto novo e secreto pipocando na blogoesfera e na internet, Steve foi a Las Vegas para apresentar um protótipo para a AT&T Wireless, a nova parceira da Apple no iPhone, depois que a Cingular foi adquirida pela gigante das telecomunicações.

Milagrosamente, ele foi capaz de mostrar ao pessoal da AT&T um iPhone bem-acabado, que funcionava muito bem, com sua tela reluzente e seu conjunto de aplicativos muito atraentes. Era bem mais que um celular, era exatamente o que ele prometera: o equivalente a um computador, na palma da sua mão. Posteriormente, Steve recordou que Ralph de la Vega, alto executivo da AT&T, disse: "É o melhor aparelho que já vi na vida".

O acordo que Steve fechara com a AT&T deixou alguns dos executivos da operadora bem nervosos. Ele os forçara a gastar milhões de dólares para desenvolver o "Visual Voicemail" (correio de voz visual). Ele exigira que eles modificassem o processo deveras incômodo que um cliente tinha de passar para contratar um serviço e um novo aparelho, substituindo por um processo mais rápido. O fluxo de receitas era ainda mais arriscado. A AT&T desembolsaria mais de duzentos dólares cada vez que um novo cliente assinasse um contrato de dois anos referente ao iPhone, pagando mais dez dólares *por mês* à Apple para cada cliente do iPhone.

Era uma prática-padrão do setor de telefonia celular que o aparelho portasse o nome não só do fabricante, mas também o nome da operadora. Da mesma forma que a Canon e a LaserWriter anos antes, Steve não concordava com isso; o logotipo da AT&T foi banido do iPhone. A AT&T, uma gigante do setor de telecomunicações, não aceitou de bom grado esse fato, mas, como a Canon, acabou concordando.

Não era um acordo tão desigual quanto parece, pois devemos recordar que Steve se dispunha a dar à AT&T a exclusividade do mercado do iPhone, o direito exclusivo de vender o telefone da Apple por cinco anos, até o final de 2010. No entanto, é provável que cabeças teriam rolado se o iPhone se revelasse um fracasso: o custo da AT&T teria sido imenso, grande o suficiente para requerer alguma explicação criativa aos seus acionistas.

Para o iPhone, Steve abrira as portas da Apple mais que para fornecedores externos, como uma maneira de obter nova tecnologia para os produtos da Apple mais rapidamente. De fato, a empresa que assinou o contrato para manufaturar o iPhone admitiu que concordava em cobrar da Apple menos do que custava para ela, contanto que o volume se tornasse tão grande com o tempo que seu custo por unidade cairia o suficiente para proporcionar um lucro considerável. De novo, uma empresa estava disposta a apostar no sucesso de um projeto de Steve Jobs. Tenho certeza de que o volume de vendas do iPhone tornou-se muito maior que a empresa poderia imaginar ou esperar.

No início de janeiro de 2007, cerca de seis anos depois do lançamento do iPod, a plateia do Moscone Center, em San Francisco, escutou a execução em alto volume de *I Feel Good*, de James Taylor. Em seguida, Steve entrou no palco sob aplausos e aclamações, e disse: "Vamos fazer história hoje".

Foi sua introdução para apresentar o iPhone ao mundo.

Ruby e Avie e suas equipes, trabalhando em função do habitual foco intenso de Steve sobre os menores detalhes, criaram o que é, provavelmente, o produto mais icônico e desejado da história. Nos primeiros três meses no mercado, o iPhone vendeu quase 1,5 milhão de unidades. Independentemente de quantas pessoas se queixaram a respeito de ligações interrompidas e falta de sinal, essas falhas eram da cobertura irregular da AT&T.

Em meados de 2010, a Apple tinha vendido a quantidade inacreditável de 50 milhões de iPhones.

Steve saiu do palco da Macworld já sabendo qual seria seu próximo grande anúncio. Seu entusiasmo, sua visão da próxima grande coisa da Apple, era algo que seria totalmente inesperado: um tablet PC. Quando a ideia de criar um tablet foi apresentada a Steve, ele a captou imediatamente e sabia que ia criar um deles.

Eis uma surpresa: o iPad foi, na realidade, concebido antes do iPhone e esteve em desenvolvimento durante anos, mas a tecnologia não estava disponível. As baterias não eram capazes de operar um aparelho tão grande durante horas seguidas. O poder de processamento era muito limitado para fazer buscas na internet e reproduzir um filme.

Um dos seus associados íntimos e admiradores especiais afirma: "Uma das coisas que é admirável a respeito da Apple e de Steve é que, até a tecnologia não estar disponível, ele não produz o produto. E essa é uma das coisas pelas quais você tem de admirá-lo".

No entanto, quando chegou a hora, ficou claro para todos os envolvidos que seria diferente de qualquer outro tablet. Teria de ter todos os recursos do iPhone e algo além. Como sempre, a Apple estaria criando uma nova categoria: uma central de mídia portátil com uma loja de aplicativos.

Mas o que Steve viu no iPad? Quando chegou o momento de se reunir com a equipe de conceito da Chiat/Day para apresentar o produto ao mercado, ele sabia que seria outro produto desejado pelas pessoas, mas não tinha ideia de como narrar a história.

Outra pessoa bem informada afirma: "Nunca consideramos que o iPad ou mesmo o iPod seriam um sucesso garantido. Não tínhamos ideia de que podiam fazer tanto sucesso. Só achávamos que eram produtos bacanas, e todos nós queríamos um".

Steve também revelou que ninguém sabia que esses produtos podiam evoluir. "Em dez anos, todos estarão usando aparelhos móveis. Talvez nem mesmo estejamos mais usando computadores."

Quando os outros se agrupam para ajudá-lo a ganhar dinheiro

Quando uma empresa que fabrica aviões, carros ou tratores é bem-sucedida, dezenas de fornecedores que trabalham para ela também são bem-sucedidas. O mesmo é verdadeiro para praticamente todos os produtos; dificilmente alguma coisa é produzida sem peças ou componentes fabricados por outros.

Para lançar os produtos de melhor qualidade e se tornar líder em seu mercado, você precisa atrair os melhores fornecedores para trabalhar com você. Isso é o que Steve alcançou com os desenvolvedores de aplicativos para o iPhone, mas multiplicado por 100 mil. Sem dúvida, provavelmente 80% ou 90% dos aplicativos para o iPhone são de interesse limitado, tendendo a passar despercebidos na agitação geral por atenção. No entanto, considere a expansão: no momento da redação deste livro, novos aplicativos estão inundando a internet e a Apple Store a razão de 300 por dia, com mais de 200 mil opções. E, de modo inacreditável, como você provavelmente sabe, a maioria desses aplicativos está vindo de microempresas nascentes ou de pessoas que nunca imaginaram que teriam qualquer tipo de produto no mercado.

Em três anos, os aplicativos para iPhone viraram uma indústria de 3 bilhões de dólares. Incrível!

E, é claro, os aplicativos para iPhone também estão vindo de desenvolvedores para Windows.

Como você deve saber, desenvolver um aplicativo para o iPhone não requer um mestrado em ciência da computação. Nos dias da Microsoft, os aplicativos eram criados somente por empresas de desenvolvedores, sob licença do pessoal de Bill Gates, em Redmond. No entanto, a Apple criou suportes de programação, tornando o processo tão descomplicado que qualquer um que não ficar intimidado diante de um computador poderá criar um aplicativo para iPhone.

Aprendi isso por mim mesmo, quase por acidente. Um amigo que sofreu um derrame cerebral contratou um serviço de atendimento de emergência por meio de botão de pânico muito caro e, é claro, somente utilizável quando ele estava em casa. Mesmo então, só tinha proveito, em uma emergência, se ele conseguisse alcançar o aparelho e pressionar o botão. Isso me fez pensar em um aplicativo do gênero para o iPhone; um aparelho que sempre pode estar com você.

Nessa época, um aluno de faculdade, que estava participando de uma palestra sobre empreendedorismo, abordou-me com uma ideia. Ele queria que eu avaliasse um aplicativo que ele havia desenvolvido para criar um botão de pânico para o iPhone. Nós juntamos forças.

Nosso aplicativo para iPhone, o vSOS, pode ser programado para que, quando ativado a partir do celular, possa enviar uma mensagem de ajuda ao 911 (número do serviço de ambulância nos Estados Unidos), para uma central de atendimento, para seu médico, para os membros da família, ou qualquer combinação envolvendo esses números. Com o GPS, você pode avisar a todos onde está exatamente. O vSOS pode ser programado para transmitir fotos e vídeos da sua situação; um grande trunfo em caso de acidente automobilístico, incêndio em sua casa ou apartamento etc. E para os idosos ou doentes que não podem arcar com trinta ou quarenta dólares por mês por um serviço de botão de pânico, a pequena taxa relativa ao aplicativo pode trazer uma sensação renovada de segurança.

Atualmente, até mesmo as crianças e os adolescentes são desenvolvedores de aplicativos.

Outro passo para a fama

Desde que eu era jovem, achava que alguém cuja citação entrasse no *Bartlett,* ou cuja nova palavra ou expressão entrasse no *Merriam-Webster*, como "catch-22" (beco sem saída), tinha alcançado um status lendário.

Steve conseguiu isso sem nem mesmo perceber. Quando o iPhone estava perto do lançamento, e os aplicativos estavam sendo criados pelos desenvolvedores, ele continuava tendo conversas com a equipe: "Há um aplicativo para isso". Em pouco tempo, toda a equipe estava usando a frase. Depois, foi usada no comercial da Apple. E, então, sim: o *The Yale Book of Quotations* listou a frase como uma das dez citações mais notáveis de 2009.

Enquanto isso, o iPhone tornou-se tão icônico, quase da noite para o dia, que diversas outras empresas começaram a produzir anúncios mostrando alguém usando um iPhone como modo de dizer: "Olhem para nós! Olhem como somos legais!", e, no processo, toda aquela propaganda gratuita para a Apple gerava vendas ainda maiores do iPhone.

O relatório de lucros da Apple do ano fiscal de 2010 surpreendeu até os especialistas da Apple de Wall Street. As vendas líquidas cresceram espantosos 50% conforme as vendas do iPhone e do iPad dispararam, lideradas pelo aumento de vendas de 160% na região do Pacífico Asiático.

Na China, a popularidade do iPhone gerou um curioso comércio ilegal, que começava de manhã, em Manhattan, com uma fila se formando do lado de fora da Apple Store, que, alcançava, às vezes, o tamanho do quarteirão; uma fila de chineses mudos e nervosos, esperando a abertura das portas para a compra do iPhone ao preço do varejo, sem que nenhum serviço de habilitação fosse requerido. Eles não precisavam dos telefones habilitados, pois não iriam utilizá-los. Em vez disso, eles imediatamente os vendiam para um intermediário, que os embalavam em caixas e os enviavam para a China, onde o prestígio de ter um iPhone era tão grande, que cada um era vendido por cerca de 1 mil dólares. Mais um indicador do iPhone como o produto mais icônico, mais *cool*, criado pelo homem em todos os tempos.

Poucas pessoas escrevem a respeito de Steve como um paradigma da moralidade e um porta-estandarte dos valores; por isso, fiquei satisfeito e fascinado quando o programa CBS News divulgou uma troca de e-mails entre Steve e Ryan Tate, escritor e editor da internet.

Tate enviou para Steve uma mensagem que dizia: "Se [Bob] Dylan tivesse vinte anos hoje, como ele se sentiria a respeito da sua empresa? Ele acharia que o iPad tinha pouca coisa a ver com 'revolução'? As revoluções tratam da liberdade".

Sempre me surpreendeu que Steve, atarefado como sempre, encontrasse tempo para responder alguns e-mails de estranhos. Ele disparou uma resposta: "Sim, liberdade para programas que roubam seus dados pessoais. Liberdade para programas que estragam sua bateria. Liberdade para pornografia. Sim, liberdade. Os tempos estão mudando (*The times they are a changin*, no original. Título de uma consagrada canção de Dylan.), e algumas pessoas ligadas ao PC tradicional sentem que seu mundo está escapulindo. É isso".

A troca de e-mails continuou, até Steve, aparentemente, decidir que já era o suficiente. Chamando Tate de "mal-informado", ele escreveu: "A Microsoft teve (tem) todo o direito de impor as regras que quis para sua plataforma. Se as pessoas não gostam, elas podem criar para outra plataforma, o que alguns fizeram. Ou elas podem comprar outra plataforma, o que alguns também fizeram. Quanto a nós, estamos simplesmente fazendo o que podemos para produzir (e preservar) a experiência do usuário que imaginamos. Você pode discordar de nós, mas nossos motivos são puros".

Conteúdo é tudo

Afirma-se que algumas pessoas sempre se reinventam. Durante muito tempo, vi Steve Jobs como uma dessas pessoas, mas num sentido diferente. Não é tanto que o próprio Steve tenha mudado ao longo dos anos, mas sua visão mudou.

O Macintosh como um computador para todos foi o Steve de primeira geração. Tudo antes do iPhone e do iPad foi Steve como criador de produtos que empolgam a imaginação.

Atualmente, a visão de Steve foi atualizada, para enfocar o *conteúdo*. Os concorrentes da Apple enxergam o iPad como um tablet. Todos estão produzindo um tablete, mas eles não o entendem.

Para os especialistas do setor e todos os concorrentes, o iPad pode parecer um tablet. Na visão de Steve, porém, é um aparelho midiático. O iPad é uma *plataforma de entrega...* um dispositivo para entregar conteúdo ao usuário. Também é, como uma extensão do iPhone, uma plataforma para aplicativos, com a diferença de que a maioria dos aplicativos do iPad será direcionada na melhoria de como acessamos e utilizamos o conteúdo.

A Google ganha dinheiro com propaganda e oferta de aplicativos para celular, mas se enxerga como um veículo que permite que outros forneçam conteúdo. Em contraste, Steve descobriu a partir das suas experiências na Pixar e na Disney que o conteúdo governa o mundo. Em todos os lugares que você observa atualmente, as pessoas estão escutando música em seus iPods ou vendo filmes em seus iPads... e pagando para a Apple pelo privilégio.

Steve visualizou um mundo em que o conteúdo é tudo. A Apple do futuro se tornará cada vez mais uma empresa que colocará em nossas mãos aparelhos que fornecem conteúdo.

Como sempre, Steve Jobs viu o futuro e teve sucesso.

Lembra-se daquela história de que se você consultar alguma coisa no dicionário, você encontrará a foto de um fulano? Se os dicionários, de fato, incluíssem imagens icônicas, sem dúvida a definição de *cool* seria ilustrada por uma foto de Steve Jobs. Um após o outro, ele criou produtos tão transformadores da sociedade, que milhões de pessoas — nos Estados Unidos e em todo mundo; as gerações mais jovens e as pessoas de todas as idades — reconheceram que podem mergulhar em uma aura de *cool* sendo vistas com um iMac, um iPod, um iPhone e, agora, um iPad.

Mas eis aqui o ponto principal: Steve Jobs não possuía a patente a respeito de ser *cool*. É possível que outras empresas, outros gerentes de produto e outros designers de produto criem produtos da nova era, que as pessoas almejarão, pois são belos, intuitivos, funcionais, agradáveis de usar e perfeitamente compatíveis com as necessidades do cliente.

Quais produtos você tem, ou está pensando sobre eles, que podem ser tão bem-sucedidos que até Steve Jobs prestaria atenção neles?

PARTE V

SOBRE SE TORNAR UM STEVE

CAPÍTULO 14

Em seus passos

Você pode seguir os passos de Steve Jobs, aplicando os princípios explicados neste livro, para melhorar seu estilo de fazer negócios e melhorar para sempre os produtos que você criou?

Minha resposta é sim, e minha prova é que eu fiz isso, repetidas vezes.

Em 1987, fui convidado a falar a respeito de empreendedorismo na conferência Fortune 100 CEO, em Williamsburg. Eram cerca de cem participantes, e fiquei bastante intimidado porque minha palestra seguiria a de Ted Kennedy. E porque muitos luminares do setor estavam na plateia.

Os executivos acham fácil falar: "Bem, tudo isso pode funcionar na Apple, mas nunca na minha empresa". Ainda assim, cerca de uma semana depois, o vice-presidente de recursos humanos da GE entrou em contato. A empresa estava desenvolvendo um programa para promover mais a participação dos funcionários, e quis saber se eu estava interessado em tomar parte.

Fui a Nova York me reunir com a equipe que estava desenvolvendo o novo programa, e Jack Welch apareceu para saudar o grupo. Welch era um homem de negócios muito decidido, cuja a reputação era de ter atitude áspera e não escutar bem. Não o vi dessa maneira.

Ele queria criar um ambiente em que os funcionários da GE pudessem sentir que faziam parte do negócio e que participavam da solução dos seus problemas. O programa visava captar e implementar as boas ideias dos funcionários, para melhorar as operações da empresa, com algo mais convidativo e mais eficaz do que uma caixa de sugestões. Em outras palavras, oferecer aos funcionários da GE algo como uma experiência de serem piratas em uma empresa nascente.

Trabalhando com uma empresa de consultoria de Boston, criamos um programa denominado "Work Out" (Dar Certo), para atingir esses objetivos. Testamos o programa numa fábrica da GE em Buffalo, cuja fama era de ser uma das operações mais burocráticas da empresa.

O programa foi um enorme sucesso. O próprio Jack reconheceu: "O Work Out tem a intenção de ajudar as pessoas a parar de lutar contra os limites, contra os absurdos que brotam nas grandes organizações. Nós estamos familiarizados com esses absurdos: muitas aprovações, duplicações, pomposidades, desperdícios". Ele também disse: "O programa virou de cabeça para baixo a empresa, de modo que os operários diziam aos chefes o que fazer. Isso mudou para sempre o comportamento das pessoas na empresa".

Para mim, a experiência foi mais uma prova de que os princípios de liderança ao estilo Steve Jobs podem ser aplicados por pessoas de todos os níveis e podem causar uma diferença profunda e duradoura.

A experiência com o programa da GE deu-me renovada confiança de que o que eu aprendera de Steve iria ter grande valor em minha vida. Aos poucos, fui sendo tomado pela vontade de criar uma empresa com um ambiente ao estilo da Apple, desenvolvido em torno de uma grande ideia de produto. Havia aprendido com Steve que você precisa procurar sempre ideias que solucionarão problemas e melhorarão a produtividade do usuário. E ter a visão de que o produto que você está considerando ajudaria a tornar o mundo melhor.

Em certa ocasião, estava trabalhando com o UCLA Medical Center, em um projeto de registros médicos eletrônicos e reconhecimento de voz, que me obrigava a viajar a Los Angeles todas as semanas. Certo dia, cheguei no hotel e percebi que tinha esquecido meu laptop no avião. Eu odiava andar com o laptop.

Alguém me apresentou um pequeno dispositivo, que eu nunca tinha visto antes: um pen drive, que permitia você transportar seus dados com você. Que ideia incrível! Era uma época em que os 256 megabytes que o dispositivo armazenava eram suficientes para a maioria das pessoas viajar com todos os seus arquivos. Você podia transportar todas as pastas de documentos em um pen drive, em vez de um laptop.

Aprendi com Steve a sempre perguntar: "O que pode ser feito com essa tecnologia?". Dois dias depois, ao voltar para casa, tive uma visão de um grande produto: toda a sua área de trabalho num pen drive. Quando você usasse o pen drive no seu computador, um programa ainda a ser desenvolvido assumiria o comando do sistema operacional e carregaria o pen drive não só com seus arquivos, mas também com sua área de trabalho completa e aplicativos. Quando você conectasse o pen drive em outro computador, o programa mostraria sua própria área de trabalho; todos os seus aplicativos e arquivos estariam disponíveis. Quando o pen drive fosse removido, a área de trabalho seria restaurada à sua condição original; nenhum dos arquivos ou operações do dono do computador seria diferente de antes da sua chegada.

A paixão incrível de Steve por seus produtos era meu modelo. E como Steve, cerquei-me de pessoas empolgadas. Donna Dubinsky, presidente-executiva da Handspring, encaminhou-me meu primeiro desenvolvedor: um jovem e brilhante programador da Universidade Brown. Ele chegava em horários improváveis do dia com sua lambreta, trabalhava toda a noite, e, então, às vezes, sumia durante dias. Mas eu tinha aprendido com Steve a lidar com piratas, e vi um rapaz bem jovem, que entendia todos os elementos que pegava para desenvolver um produto de sucesso. A coisa incrível a respeito de piratas é que você pode dizer: "Preciso ver um protótipo em funcionamento desse produto", e eles trabalharão horas a fio para lhe dar isso o mais rápido possível.

Como os pen drives da época eram muito feios e desajeitados, eu decidi criar o meu próprio. Um amigo esculpiu o produto em madeira usando minhas especificações e, então, levei o modelo a um fabricante.

Procurei um nome para o produto. Um nome como Apple ou Sony é simples, original e muito bom em relação ao design gráfico. Queria um nome assim; não um nome pomposo, técnico, mas um que soasse bem. Cheguei a "Migo", que, na pronúncia, tem tanto "me" (eu), como "go" (ir), como "on the go" (em movimento). O nome parecia ter a combinação certa de simplicidade e arrojo.

Como sempre, havia muitos problemas técnicos para solucionar. Migo tinha de ser compatível com todos os sistemas operacionais e todas as versões de Word e Excel. Tinha de ser seguro, totalmente confiável e à prova de defeitos para o usuário.

Mesmo os piratas precisam de um grande primeiro-piloto. Fui ver Jay Chiat, o gênio da propaganda, o cofundador incrivelmente criativo da Chiat/Day, a agência que tinha dado uma contribuição maravilhosa para a construção da marca da Apple, e ele concordou em cuidar da construção da marca do pen drive Migo. Isso estava exatamente de acordo com outra das diretrizes que havia aprendido com Steve: procurar os melhores talentos e recursos que você puder achar, e contratá-los na medida da sua possibilidade. E não se esqueça das pessoas e dos recursos que você utilizou no passado ou que você se lembra que foram muito elogiados.

O produto final era muito bonito e completamente intuitivo. Lembretes na tela ensinavam ao usuário como utilizá-lo. Havia um manual do usuário, mas não era necessário. De novo, isso foi algo que aprendi da experiência com o Macintosh. O produto ganhou prêmios da *PC World*, *Newsweek* e na Consumer Electronics Show, pelo design, pela interface do usuário e até pela embalagem, dando-nos branding e relações públicas incríveis com um custo muito baixo.

Walter Mossberg, do *Wall Street Journal* e especialista do setor, escreveu um artigo considerando o Migo um pequeno grande produto para sua vida. Essa resenha elevou o preço da ação da Migo de 1,50 dólar para 6,50 dólares em uma tarde. John Dvorak também escreveu um ótimo artigo para a *PC Magazine*, assim como Steve Wildstrom, da *BusinessWeek*.

O que aconteceu a seguir foi ainda melhor. Além de escrever um artigo sobre o Migo, Mossberg o elogiou ao vivo em seu programa no canal CNBC. Ele mostrou o pen drive e disse: "Esse é um pequeno grande produto". Senti que Steve e eu estávamos juntos de novo, aquela mesma energia que tivera na Apple estava comigo.

O final da história não é tão feliz. Para economizar dinheiro, contratei um fornecedor de baixo custo, e metade das unidades produzidas não funcionaram. No entanto, havia um problema muito maior: quando comecei o projeto, um pen drive de 256 megabytes custava 150 dólares. Na época em que o Migo foi lançado, o preço de um pen drive de 1 gigabyte (quatro vezes a capacidade) estava abaixo de 4 dólares. O custo adicional de um pen drive com um *software* Migo não era significativo se você estava gastando 150 dólares, mas depois que os pen drives tornaram-se um produto barato, com dezenas de tipos nas prateleiras, tentar fazer os consumidores entenderem por que o Migo custava significativamente mais era difícil.

Houve outro erro, igual a um que Steve tinha cometido na Apple. Como mencionei antes, o Lehman Brothers convenceu-me a contratar uma equipe administrativa experiente, que tinha gerenciado empresas de capital aberto. Tudo bem, mas os membros dessa equipe não tinham paixão pelo produto. Senti como se estivesse de volta na IBM. As pessoas eram inteligentes, mas ficavam tão distantes do produto que perdiam contato com o que era realmente importante. Elas se interessavam somente pelo preço da ação da empresa. Eis a minha última lição: se você se sentir paralisado por causa de um conselho ou de investidores pouco inspirados, provavelmente será hora de partir. Deixei a Migo para inovar com meu próximo produto e criar outra nova empresa.

Outro lembrete das minhas experiências com Steve, que a experiência com a Migo provou: sua atitude era sempre que, se fosse um produto de tecnologia, *poderia* ser produzido. Quando seus engenheiros disseram que não podiam criar um celular sem diversos botões para todas as diferentes funções, ele insistira incansavelmente, e eles, finalmente, conseguiram produzi-lo.

Migo resultou de uma grande paixão por um grande produto. Steve Jobs gerou isso em mim.

Alguns outros princípios de Steve Jobs que foram úteis para mim na Migo:

- Apaixone-se pelos projetos em que você trabalha.
- Aproveite uma oportunidade e crie um produto.
- Sempre fique aberto ao talento que pode ajudar.
- Dê o melhor de si para tornar o produto intuitivo; assim, um manual de usuário não é necessário.
- Seja honesto com você mesmo a respeito dos seus produtos.
- Assegure que os produtos representem você e suas características como pessoa.
- Supere obstáculos com seu pessoal e celebre como uma unidade todo sucesso.
- Continue inovador para chegar cada vez mais perto do seu ideal, da sua visão de perfeição, que vai além da realidade atualmente alcançável.
- Não dê ouvidos às pessoas que dizem que não pode ser feito.

Enquanto escrevo este livro, acabei de obter capital de risco para outra empresa nascente, a Nuvel, com base em torno de um produto que aumenta muito a velocidade e o desempenho da internet, melhorando a conectividade do "último quilômetro", e também a experiência do usuário para todos os dispositivos informáticos e móveis. O produto da Nuvel acelera *todo* tráfego em redes baseadas em IP em até duzentas vezes.

Em termos leigos, o produto comprime os dados dinamicamente e os força através de um túnel eletrônico seguro, criado pela Nuvel, em alta velocidade, melhorando consideravelmente o desempenho, a confiabilidade e segurança das redes.

Como acréscimo posterior, criei a loja de aplicativos da Nuvel, de modo que podemos tornar nossos produtos disponíveis para dispositivos móveis, como iPhones e iPads. Outra lição de Steve: continue atualizando sua visão e continue se desafiando, perguntando: "O que estimula os consumidores?".

Naturalmente, estou de novo usando princípios que vêm de Steve. De modo importante, todas as pessoas da organização e todas as pessoas que lido sabem que sou o czar de produtos: todas as decisões finais a respeito do produto, da interface do usuário, e todos os outros aspectos passam por mim.

Você pode apostar que todos na equipe sabem que a interface do usuário é decisiva para o produto. Talvez eles me acusem de tentar parecer como Steve Jobs; se sim, isso não me incomoda. A interface do usuário mais simples possível é um item indispensável; a equipe toda sabe de onde vem essa visão de vida, e está comprometida para fazer isso acontecer.

Outra coisa que aprendi com Steve foi o poder das relações públicas de alto nível, em particular quando você não tem muitos recursos. Um relações-públicas de alto nível é seu melhor passo de entrada no mercado.

Os rapazes do software são os mesmos que trabalharam comigo na Migo. Eles não são só piratas e grandes artistas. Mais do que isso, eles entendem minhas demandas do produto e como implementar aplicativos de alta qualidade. E têm compromisso: se eu precisar do produto modificado na segunda-feira de manhã, eles trabalharão todo fim de semana se for preciso.

Falando em nome de Steve

As pessoas que trabalharam mais intimamente com Steve são as únicas na posição singular de transmitir a filosofia e as ideias que o tornaram tão bem-sucedido, como procurei fazer neste livro. A única outra pessoa que, do meu ponto de vista, foi capaz de captar a essência de Steve é Tim Cook, CEO da Apple, que tem a missão de levar a empresa adiante. Ele fez uma assertiva que fornece uma expressão diferente, mas poderosa, das atitudes que Steve Jobs promoveu — as atitudes que tornaram a Apple tão grande — e que, acredito, podem ser adotadas e utilizadas por todos:

> *Constantemente, enfocamos a inovação. Acreditamos no simples e não no complexo. Acreditamos que precisamos deter e controlar as tecnologias principais subjacentes aos produtos que produzimos, e participar somente nos mercados em que podem dar uma contribuição importante.*
>
> *Acreditamos em dizer não para milhares de projetos, de modo que podemos realmente nos concentrar em poucos que são verdadeiramente importantes e significativos para nós. Acreditamos na colaboração intensa e na polinização dos nossos grupos, o que nos permite inovar de uma maneira que os outros não são capazes.*
>
> *E, sinceramente, não nos conformamos com nada menos que a excelência em cada grupo da empresa, e temos a honestidade de admitir quando estamos errados e a coragem de mudar.*

Assim, minha última pergunta é: e você? Como seu produto, serviço, trabalho, representa você? Como você se ajusta a isso?

Quanto mais aquilo que você faz, aquilo que você produz, corresponde ao seu âmago mais profundo como pessoa, mais você vai se preocupar e se esforçar para exigir a perfeição que todo produto merece. E você se esforçará para fazer seus clientes se lembrarem disso e gostarem disso.

O sinal-líder da paixão pelo produto é se você mesmo é um usuário entusiasmado. Você tem de ser honesto com você mesmo. Se não se importar com seu produto, como será um defensor convincente? Como convencerá alguém que o produto é algo que o ajudará, o satisfará e o agradará?

Acredito que a empresa é um reflexo do seu líder, do seu defensor. Como as crianças que sentem quando alguém não é sincero, você não pode fingir. Precisa ser apaixonado pelos produtos que está criando, promovendo, comercializando ou vendendo, e isso significa que precisa estar numa empresa e num setor que se interessa de verdade.

Steve Jobs não poderia ter alcançado o que alcançou sem paixão, sem um compromisso com a excelência, com uma grande construção da marca e com uma franqueza para aprender a partir dos erros.

Dificilmente podemos achar um melhor caminho do que aquele de sempre seguir os passos de Steve.

Uma carta para Steve

Caro Steve,

Neste livro, tentei captar o Steve Jobs *de verdade*, e não a versão meio verdadeira de todos os livros escritos por jornalistas ou aficionados do Mac, que nunca tiveram a oportunidade de conhecê-lo realmente. Lembro-me do final de uma viagem ao Japão quando ainda tínhamos na agenda outro "jantar oficial" com o pessoal da Sony ou Canon, e eu disse que não era capaz de enfrentar outra noite de sushis. Assim, você foi, e o hotel me indicou um ótimo restaurante especializado em tempura. Estava sentado ali há quase meia hora quando você entrou e se juntou a mim, dizendo que também não conseguiria enfrentar outro jantar formal. Nunca me esqueci daquela noite e da nossa conversa, em que discutimos tudo: política, futuro do mundo, pessoas, vida, trabalho e amor. Você estava relaxado, tranquilo, e sendo você mesmo. Em ocasiões como essa, eu enxergava o Steve real.

Sempre me perguntei o que teria acontecido com a Apple se você não tivesse saído em 1985. Não é legal dizer "eu te falei", mas eu tinha visto o futuro. E, como lhe disse em uma de nossas conversas, você é o dono da bola; você mantém o resto dos jogadores fora do jogo. Você levou a Apple à glória, com a segunda maior capitalização de mercado de qualquer empresa do mundo. No entanto, não é a capitalização de mercado que faz uma empresa, mas sim as pessoas e os produtos.

Você aprendeu com sua experiência e foi capaz de criar um novo padrão nas organizações empresariais. Acredito firmemente que a empresa da nova era tem de ser centrada no produto e funcionar diariamente como se fosse uma empresa nascente. Assim, a nova Apple é o novo padrão em operações organizacionais. Todos os princípios de liderança estão em exposição na Apple. Você até conseguiu manter a nova Apple no mesmo caminho de uma empresa nascente; uma tarefa muito difícil.

Muitas vezes me perguntam como será a Apple sem Steve Jobs. Respondo que Steve Jobs não é substituível como líder carismático e visionário de uma empresa centrada em produtos de consumo, mas que pode ser substituído por um triunvirato, para levar adiante seu legado. A Apple tem um novo presidente-executivo, mas ele, preencherá apenas uma parte da função de Steve. Jonathan Ive, o humilde britânico que criou os designs do iMac, iPod, iPhone e iPad, continuará a idealizar designs para produtos que todos querem usar e ter. Phil Schiller continuará a idealizar conceitos de produtos, traçando o caminho para o futuro da tecnologia. O candidato ao trono assumirá sua função como a força motora sobre as equipes não celebradas, que convertem as visões em *softwares*, *hardwares* e outros elementos que dão vida aos conceitos. Timothy Cook é o sucessor ideal, porque já manteve com muito sucesso todas as peças funcionando nas ocasiões em que lhe foi solicitado.

Certa vez, você e eu conversamos a respeito de como é difícil criar produtos, assim como é difícil criar e manter organizações eficazes. Mas ainda mais difícil é fazer as duas coisas ao mesmo tempo. Acredito que o novo tipo de organização empresarial que você criou é a pedra fundamental das empresas do futuro. O futuro que você viu e anteviu. E fez acontecer.

JAY ELLIOT

Você tem de confiar em alguma coisa: sua intuição, seu destino, sua vida, seu carma, seja o que for. Essa abordagem nunca me desapontou, e fez toda diferença na minha vida.

Steve Jobs, discurso de paraninfo para a turma de 2005 da Universidade Stanford.

Agradecimentos

De Jay Elliot

Tenho sorte de ter trabalhado com alguns dos gigantes do setor. Minhas experiências foram todas muito importantes para este livro e desejo agradecer alguns líderes, incluindo T. J. Watson, presidente do conselho e presidente-executivo da IBM; Andy Grove, presidente-executivo da Intel; Gordon Moore e Bob Noyce, cofundadores da Intel; e, é claro, Steve Jobs. As lições que aprendi trabalhando com esses líderes foram inestimáveis para minhas ideias a respeito de liderança.

Meus agradecimentos a Kim Pettinger, minha boa amiga e colega de negócios. O apoio e estímulo dela para eu escrever este livro, mais seus *insights* na leitura do primeiro esboço, acompanhados por incontáveis xícaras de café, foram imensamente apreciados. Como "instrutora" pessoal e minha musa, muitas das lições deste livro sobre desenvolvimento pessoal e cultura organizacional têm suas impressões digitais. Não é fácil estar diante de um homem alto e muito experiente e dizer: "Você precisa levar em conta outra abordagem". Ao longo dos anos, Kim fez exatamente isso, e espero que eu também possa apoiá-la no futuro.

Ao longo do caminho, apareceram muitas pessoas e parceiros aos quais gostaria de agradecer. Uma delas é Greg Osborn, do Middlebury Group; seu apoio em relação às minhas ideias, sua compreensão a respeito da paixão que tenho pelos meus produtos e das minhas habilidades de liderança foram importantes na obtenção de capital para minhas empresas. Realmente, Greg entende esses atributos básicos e me apoiou nos meus negócios e contribuiu para a concretização deste livro.

Os *insights* a respeito dos gostos cinematográficos de Steve e o estímulo para escrever este livro também vieram de Wilson Nicholls, meu cunhado. Quando Wilson era dono de uma locadora de vídeos, Steve era um dos seus melhores clientes. Antes da morte de Wilson, passamos inúmeras horas discutindo a paixão de Steve pelo cinema e como isso se relacionava com seu sucesso empresarial. Wilson costumava dizer: "Jay, você precisa escrever um livro a esse respeito". Bem, Wilson, eu escrevi e gostei muito do seu estímulo.

Bill Gladstone, meu agente literário, desempenhou um papel importante na realização deste projeto, desde o conceito até a impressão. Bill e eu discutimos essa ideia há muitos anos, mas só depois que dei uma conferência e utilizei um rascunho do livro, com muito sucesso, voltamos a nos falar. Ele não só ficou muito empolgado com o potencial do livro, como me apresentou a Bill Simon. Um excelente escritor e grande parceiro de redação, Bill impediu que este livro se transformasse em mais um livro de negócios, infundindo-lhe vida e encanto. Meu muito obrigado aos dois Bills.

De Bill Simon

Em primeiro lugar, quero expressar meu apreço a Jay Elliot, que proporcionou uma história fascinante e demonstrou ser um parceiro de redação maravilhoso. Jay, escreveria com prazer outro livro com você.

Nós dois tivemos a sorte de ter ao nosso lado a perspicaz Janet Goldstein, apresentada pelo editor Roger Cooper, que trabalhou conosco em toda a redação do original. Ela contribuiu em todos os níveis, tornando este livro o que ele é. E, para mim, foi um prazer especial poder voltar a trabalhar com Roger; em particular, porque meu último livro com ele foi um best-seller da lista do *New York Times*.

A outra integrante da minha equipe principal foi Charlotte Schwartz, cujo cuidado, interesse e apoio foram tão decisivos durante os longos dias de redação. Charlotte, espero que eu tenha tido êxito em fazer você saber quanto sua cortesia significa para mim.

Meu envolvimento neste projeto só aconteceu graças a Bill Gladstone, agente literário sem igual. Bill, sempre relutei em lhe dar o elogio adequado nos agradecimentos por medo de que em sua vida chovam autores insuficientemente representados. Gostaria de saber, porém, quantos autores foram representados pelo mesmo agente, e mantido ocupado por eles, durante 25 anos.

Elena e Vincent, meus netos, agora têm idade suficiente para que eu seja capaz de compartilhar histórias dessa experiência de escrever. E obrigado Skype por deixar os rostos alegres deles visíveis para mim.

Jay e eu tivemos a sorte de ter o apoio de uma equipe de auxiliares. Minha gratidão a Dan Gerstein, Bill Dunne, Steve Flax, Howard Green, Kenneth Kale e, em especial, Tom Lane.

No texto, reconheci pelo nome diversas pessoas que forneceram material para o livro, mas gostaria, em particular, de manifestar meu apreço a Gil Amelio, Steve Wozniak, John Sculley, Del Yocam, Donna Dubinski, Alex Fielding, Bill Adams, Burt Cummings, Ian Maddox, Wayne Meretsky, Winston Hendrickson e a todos os outros que falaram na condição de anonimato, por motivos que muitos entenderão.

Finalmente, aqueles de vocês que me conhecem entenderão que perda é não ter Arynne perto, enquanto trabalho no original de um livro. Ainda que ela não possa mais ser parte ativa da minha vida, ela para sempre tem um lugar no meu coração.

Notas

Capítulo 1 *Paixão pelo produto*

20 O que me impressionou: Jeffrey Young, *Steve Jobs: The Journey Is the Reward* (Scott Foresman Trade, 1987).

24 Tensão, politicagem e discussão: Ibid.

28 Steve Woz merece compartilhar o crédito: todas as citações de Steve Wozniak nessa seção são de uma entrevista de Jill Wolfson e John Leyba, disponível em http://www.engology.com/engintwozniak.htm e http://www.thetech.org/exhibits/online/revolution/wozniak/.

29 Uma experiência incrivelmente excitante: *Triumph of the Nerds*, documentário em três partes da rede PBS, roteirizado e apresentado por Robert X. Cringley, veiculado em junho de 1986. Transcrição disponível em: http://www.pbs.org/nerds/transcript.html.

30 Poder de visão: Anthony Imbimbo, *The Brilliant Mind Behind Apple* (New York: Gareth Stevens Publishing, 2009).

32 Steve fala para as pessoas coisas assim: o material citado é de uma entrevista de Daniel Morrow, diretor-executivo, The Computerworld Smithsonian Awards Program: 20 de abril em 1995.

Capítulo 2 *O sucesso está nos detalhes*

42 Também ficou pasmo com a atenção dedicada por Steve aos detalhes: Michael Krantz, "Apple and Pixar: Steve's Two Jobs", *Time*, 18 de outubro de 1999.

Capítulo 3 *Dirigindo uma equipe: "Seja um pirata! Esqueça a Marinha"*

57 Um engenheiro se lembra: fonte confidencial.

57 Você precisa de um tirano competente: Peter Elkind, "The Trouble with Steve Jobs", *Fortune*, 5 de março de 2008.

Capítulo 4 *Aproveitando os talentos*

74 Susan se lembrou de Steve: Ken Aaron, "Behind the Music", *Cornell Engineering Magazine*, outono de 2005.

83 Um modelo muito diferente de fazer negócios: Ibid.

Capítulo 5 *Recompensas para os piratas*

92 A melhor coisa possível ou, se possível, ainda mais incrível: Andy Hertzfeld, "Signing Party", Folklore.org, fevereiro de 1982. http: www.folklore.org/StoryView.py?project=Macintosh&story=Signing_Party.txt&characters=Mike%20Boich&sortOrder=Sort%20by%20Date&detail=medium.

97 A Apple é uma espécie rara de empresa: Chuq von Rospach, "Enjoying the Show, Avoiding the Flamethrower: Life Inside Apple", *Guardian*, 2 de janeiro de 2009. http://www.guardian.co.uk/technology/2009/jan/02/apple-macworld-lookback.

Capítulo 6 *A organização orientada pelo produto*

104 Pelo resto da minha vida: *Triumph of the Nerds*.

119 Uma crescente realidade divergente: Andy Hertzfeld, "The End of an Era", Folklore.org, maio de 1985. http://www.folklore.org/StoryView.py?project=Macintosh&story=The_End_Of_An_Era.txt&sortOrder=Sort%20by%20Date&detail=low

Capítulo 7 *Mantendo o ímpeto*

132 Sentimento generalizado de orgulho, energia e paixão: fonte confidencial.

135 Aplausos prolongados e entusiasmados: Philip Elmer-DeWitt, "The Love of Two Desk Lamps", *Time*, 1 de setembro de 1986.

136 Para manter a empresa em funcionamento: fonte confidencial da Pixar.

139 Tão espetacular quanto adorável: Jeffrey Young e William L. Simon, *iCon: Steve Jobs — The Greatest Second Act in the History of Business* (Hoboken: John Wiley & Sons, 2005).

Capítulo 8 *Recuperação*

149 Faríamos por diversão: *Triumph of the Nerds.*
149 Eu era muito tímido: Ibid.
150 Era a possibilidade principal: e-mail de Gil Amelio para o autor, 7 de novembro de 2010.
151 Rejeitou o negócio: Ibid.
153 "Há algo de podre em Cupertino": Brent Schlender, *Fortune*, 3 de março de 1997.
155 Jobs analisou os detalhes inadequados: Peter Elkind, perfil da Apple em "America's Most Admired Companies", *Fortune*, 5 de março de 2008.

Capítulo 9 *Desenvolvimento holístico de produtos*

165 Então, foi um grande sucesso: Lev Grossman, "How Apple Does It", *Time*, 16 de outubro de 2005.
172 "Ficamos boquiabertos quando escutamos isso": Peter Burrows e Ronald Grover, "Steve Jobs' Magic Kingdom", *Business Week,* 6 de fevereiro de 2006.
173 "Um *home run* (corrrida à base principal no beisebol) é muito melhor do que dois *doubles*": Ibid.
176 "Uma maneira mais colaborativa, integrada": Grossman, "How Apple Does It".
178 "Algo como a diversidade": Ibid.

Capítulo 10 *Disseminando a inovação*

181 "Não dispõe de uma lista embaraçosamente longa de recursos": David Pogue, "A Phone of Promisse, with Flaws", *New York Times*, 27 de outubro de 2010.
186 "Eram terríveis": Ken Aaron, "Behind the Music", *Cornell Engineering Magazine*, outono de 2005.
188 "Mas por que eu queria ter um": Brent Schlender, "Apple's 21st-Century Walkman CEO Steve Jobs Thinks He Has Something Pretty Nifty. And If He's Right, He Might Even Spook Sony and Matsushita", *Fortune*, 12 de novembro de 2001.
188 "Nós, coletivamente, cobiçamos tanto um produto como o iPod": Mike Harris, *Find Your Lightbulb* (Mankato, MN: Capstone, 2008), 60.
189 "Um tocador de MP3 com vida útil de três horas": Leander Kahney, "Inside Look at Birth of the iPod", *Wired*, 21 de julho de 2004. http://www.wired.com/gadgets/mac/news/2004/07/64286.

192 "Steve adotou uma abordagem": Alex Salkever, "Steve Jobs, Pied Piper of Online Music", *BusinessWeek*, 30 de abril de 2003. www.businessweek.com/technology/content/apr2003/tc20030430_9569_tc056.htm.

193 "Fizeram a diferença": Jeffrey Young e William L. Simon, *iCon: Steve Jobs — The Greatest Second Act in the History of Business* (Hoboken: John Wiley & Sons, 2005).

Capítulo 11 O abridor de portas: o branding

201 "Uma espinha atravessada na garganta": Christy Marshall, "Smart Guy", *Business Month*, abril de 1988.

201 "Metade ego e metade insegurança": Danielle Sacks, "100 Most Creative People in Business", *Fast Company*, 2010. http://www.fastcompany.com/100/.

201 "O modo pelo qual Steve Jobs foi leal": All of the Clow quotes: Bob Garfield, "Lee Clow on What's Changed Since '1984'", *Ad Age*, 11 de junho de 2007.

Capítulo 12 Atravessando o rolo compressor do varejo

208 "Nós precisávamos inovar aqui": Jerry Useem, "Apple: America's Best Retailer", *Fortune*, 8 de março de 2007. http://money.cnn.com/magazines/fortune/fortune_archive/2007/03/19/8402321/index.htm.

212 "Sinto muito, Steve, eis por que as lojas Apple não funcionarão": Cliff Edwards, "Commentary," 21 de maio 2001. http://www.businessweek.com/magazine/content/01_21/b3733059.htm.

215 "Você nunca se cansará disso": http://www.apple.com/jobs/uk/retail.html.

Capítulo 13 Alcançando a definição de cool: "Há um aplicativo para isso"

227 "Uma das coisas pelas quais você tem de admirá-lo": fonte confidencial.

227 Como narrar a história: fonte confidencial da Chiat/Day.

227 "Não tínhamos ideia de que podiam fazer tanto sucesso": fonte confidencial.

231 "Nossos motivos são puros": Charles Cooper, "Steve Jobs on 'Freedom from Porn …'", *CBS News*, 15 de maio de 2010. http://www.cbsnews.com/8301-501465_162-20005076-501465.html.

Capítulo 14 Em seus passos

241 As atitudes que tornaram a Apple tão grande: Tim Cook, falando em uma teleconferência da Apple, 21 de janeiro de 2009. http://www.businessinsider.com/2009/1/apples-tim-cook-were-fine-without-steve-jobs.

Steve Jobs foi impresso em São Paulo/SP pela Gráfica Araguaia,
para a Editora Lafonte, em novembro de 2011.